양극화에 도전하는 시민

양극화에 도전하는 시민

1판 1쇄 찍은날 2024년 2월 15일
펴낸날 2024년 2월 20일

지은이 이관후
펴낸이 전영재
편집 임경희
펴낸곳 건국대학교출판부
등록 / 제 4-3 호(1971. 6. 21)
주소 / 05029, 서울특별시 광진구 능동로 120
전화 / 편집팀_(02) 450-3891~2 영업팀_(02) 450-3893
팩스 / (02)457-7202
홈페이지 / http://press.konkuk.ac.kr
e-mail / press@konkuk.ac.kr

찍은곳 네오프린텍(주)

정가 10,000원

ISBN 978-89-7107-780-1 03330

* 본 책자는 교육부의 「대학혁신지원사업」 사업비로 제작되었습니다.

Citizens Challenging Polarization

양극화에 도전하는 시민

이 관 후 지음

건국대학교출판부

머리말

2020년대 이후 한국이 하드웨어는 물론 소프트웨어적 측면에서 세계 10대 강국으로 성장하면서 후발국의 이점이 사라지고, 미래 비전을 전략 · 전술적 차원뿐 아니라 '가치'적 측면에서 새로이 구축해야 하는 시점이 도래했다. 이 과정에서 우리가 넘어야 할 국가적 화제들도 분명하게 드러나고 있다. 우리 사회에서는 지금 저출산고령화, 수도권 집중과 지역소멸, 사회경제적 양극화, 능력주의와 공정 담론의 부상 등 많은 문제점이 노출되고 있다.

특히 저출산 문제는 심각하다. 2012년 1.3 수준이었던 합계출산율은 10년 만인 2022년에 0.78로 떨어졌다. 놀라운 것은 속도다. 합계출산율 1.0이 붕괴한 것이 지난 2018년이었다. 그해 0.98이었던 것이 불과 4년 만에 0.78까지 하락한 것이다. 1.0에서 0.78까지 4년밖에 걸리지 않았다. 대한민국이 '수축사회'를 넘어서 '소멸국가'로 가고 있다.

능력주의와 공정 담론은 어떤가? 대한민국 청년들은 극심한 경쟁을 '공정'이라는 이름으로 겪어내는 중이다. 그 경쟁에서 대부분은 불행해진다. 경쟁에서 이긴 사람들도 행복하지는 않다. 심지어 이 경쟁이 결코 공정해질 수 없다는 사실을 누구나 안다. 그래서 아이를 낳지 않는다.

나는 지옥에 살지만 내 아이까지 지옥에 살게 하고 싶지는 않기 때문이다. 이것은 '경쟁을 통한 공정 능력사회'를 지향한 결과로서의 '희망소멸사회'일 것이다.

소득의 양극화, 지역소멸, 성차별 등의 여러 문제들은 비단 한두 정부나 앞선 세대의 잘못 혹은 책임이라기보다는, 지난 수십 년 동안 한국이 발전하면서 누적되어 온 '성공의 딜레마'일 것이다. 성공은 한편으로 양극화를 낳았고, 우리는 이 위기를 극복하지 않으면 사회를 지속시킬 수 없다. 또 지금 한국은 과거와 같이 선진국의 사례를 좇아가는 것이 아니라, 전인미답의 상황에서 스스로의 문제에 대해 스스로의 분석과 해답을 제시해야만 하는 상황에 처했다.

이 책의 목적은 청년들이 스스로 이 문제에 대해 고민해 보고, 토론하고, 함께 답을 찾아가는 과정을 돕는 것이다. 청년들이 살아갈 미래를 스스로 만들어 나가는 길에 도움이 되기를 바란다.

2024년 1월

이관후

차 례

1장

양극화와 시민

1장 양극화와 시민

1. 국가난제와 양극화

이 책은 과학기술정책연구원에서 제시한 국가난제 10개 분야 39개 이슈 중에서, '양극화 분야'의 5개 이슈(소득분배, 지역양극화, 소득양극화, 성차별과 혐오, 소수자 차별과 혐오)에 대해 학생들이 직접 문제를 탐구하고 사례를 조사하여, 한국 사회의 문제 해결에 기여할 수 있는 핵심 인재를 양성하는 데 목적이 있다.

우리사회에서 나타나는 다양한 분야의 양극화는 대단히 복합적이고 중층적인 문제들의 관계 속에서 나타나기 때문에, 단기적 처방에 의해 해결되기란 매우 어렵다. 따라서 이 책의 목적은 양극화라는 국가적 난제를 해결할 수 있는 직접적인 해결책을 제시하는 것은 아니다. 오히려 그 난제를 중장기적으로 해결할 수 있는 역량 있는 시민을 육성하는 데 목적이 있다.

이 교재와 이를 바탕으로 한 강의는 한편으로는 '양극화' 이슈를 다루되 큰 범주에서는 '시민교육'이라는 목표를 갖는다. 이 주제의 탐구 과정을 통해 학생들은 한국 사회에서 필요한 학문과 인성 분야의 역량을 모두 갖춘 실천적 사회인으로 성장하고, 다양한 문제 해결에 필요한 종합적 사고력을 갖춘 글로벌 시민으로서의 자격을 획득하게 된다.

2. 시민교육과 양극화 이슈

(1) 해외 시민교육 동향

미국 및 유럽 등의 세계 여러 나라에서는 이미 대학은 물론 일반인을 위한 '시민교육'(Civic Education) 프로그램을 운영하고 있고, 그 학문적 토대로서 '시민학'(Civics) 연구를 진행해 오고 있다. 미국은 민주주의를 생활 속에서 실천하는 진정한 시민을 길러내기 위해 10년 전부터 '시민' 과목을 교과 과정에 편입시키고, 수준 높은 교육 자료를 현장에 공급하기 위해 노력하고 있다. 초중고등학생을 위한 시민교육 프로그램을 제작하는 '시민교육센터(Center for Civic Education)'를 운영하며, 미국 시민 과목의 '표준(National Standards)'을 정해 운영하고 있다.

영국에서는 2002년 새 학기부터 시민교육이 중등학교(secondary school)에서 법정의무 교과목이 되었고, 초등학교에서도 의무는 아니지만 거의 의무적으로 실시해야 하는 교과목이 되었다. 영국의 시민교육은 사회적 · 도덕적 책임감(social and moral responsibility), 지역사회 참여(community involvement), 정치문해 능력(political literacy)이라는 세 가지 큰 덕목을 중점적으로 다루고 있다.

독일에서는 제2차 세계대전 이후 자체 반성과 더불어 국민에 대한 시민교육의 필요성이 요구되었다. 그러나 1960~70년대까지 시민교육의 내용이 각 단체와 정당의 입장에 따라 달랐기 때문에 시민교육의 형태도 제각각이었다. 이에 1976년 여러 학자와 교육 관계자들이 '보이텔스바흐 합의'를 이끌어내면서 독일 시민교육의 근본 방향이 정해졌고, 이를 기반으로 시민교육이 활발하게 이루어지고 있다.

(2) 국내 시민교육 동향

한국에서는 그동안 극심한 입시 중심의 경쟁교육이 장기화되면서 교육이 도구화되어 민주시민교육활동에 대한 학생들의 자발적 참여도가 낮은 편이다. 또한 활발한 동아리 활동, 학생회와 같은 학생자치활동, 독서교육, 봉사활동 등 교과 이외에 이루어지고 있는 활동 등이 교과 수업에 비해 매우 부수적인 활동으로 취급되어 시간 채우기 내지 점수 따기의 수단으로 변질되고 있는 현실이다.

또한 민주시민교육이 국민교육 차원에서 강조된 질서와 준법정신에 기초한 인성교육과 동일시되는 경우가 많았으며, 교사들 역시 민주시민교육의 필요성을 원론적으로는 인정한다. 하지만 시민성과 관련된 지식과 태도, 가치 등의 핵심 요소들이 단순히 특정 수업 위주로만 이루어지고 있어서, 이를 학교 교육 전반에 주류화하고 교육의 주요한 목표로 포괄하기에는 어려움이 많았다.

이처럼 우리나라의 민주시민교육은 그 당위성과 교육적 요구에도 불구하고 여전히 사회 전반의 관심과 인식이 결여되어 있다고 볼 수 있다. 그러나 현대적 시민교육의 필요성은 오늘날 대학에 시민교육을 위한 연구 투자와 교육적 노력을 경주해 줄 것을 요구한다. 대학 졸업자들은 사회적 삶에서 직면하게 될 온갖 종류의 문제들을 합리적으로 분석하고 이성적 판단과 결정에 도달하는 지적 능력, 지식과 실천을 연결하는 윤리적 능력, 인간의 복잡한 감정과 심리적 현실을 이해하고 해석할 수 있어야 한다. 또한 이와 함께 세계의 다양한 정치적 · 사회적 · 문화적 문제들을 여러 각도에서 볼 줄 아는 능력, 개인 및 집단들 사이의 상충하는 이해관계를 조절하고 소통, 연대, 협력의 가능성을 확장하는 사회적 능력 등을 갖춘 시민을 양성하는 일은 대학의 사명이자 책임이라고 할 수 있다.

(3) 국내 대학의 시민교육

현재, 경희대학교 후마니타스칼리지에서는 '문명 전개의 지구적 문맥'이라는 필수교과를 지정하여 시민교육의 기초교양 강좌로 활용하고 있다. 그 내용을 구체적으로 살펴보면 인간의 이해를 주제로 '인간의 가치 탐색', 세계의 이해를 주제로 '세계와 시민', 자연의 이해를 주제로 '빅맹에서 문명까지' 등의 강좌를 운영하고 있다. 성균관대학교에서는 '수기치인 시민의식 프로그램'에서 강의와 봉사 두 과목으로 나누어, 강의에서는 '자기 이해, 타인 이해, 문제 이해의 세 단계로 구성된 활동을 통해 해당 회기의 주제인 사회문제에 대해 배우고 공감하는 능력을 기르고, 봉사에서는 '현장에서 실제 봉사활동을 하면서 공감과 문제의식을 심화하는 경험'을 쌓는 것을 목적으로 하고 있다.

건국대학교에서는 '시민교육'의 관점에서 기존에 개설된 유사한 과목으로서 '사회봉사, 비판적 사고와 토론, 야수사회의 공익과 공공인재, ESG와 시민의 행동' 등의 강좌가 있다. 이 중 '사회봉사'는 공공성을 강조하는 시민교육 강의로 볼 수 있으나, 이론적 이해와 문제 해결 역량 향상보다 봉사활동이 많은 비중을 차지하고, '비판적 사고와 토론'은 현장학습이 상대적으로 부족한 편이다. '야수사회의 공익과 공공인재'는 강의내용에서 상당한 유사성이 있으나 연구를 스스로 수행하는 부분의 비중이 작고, 'ESG와 시민의 행동'은 강의 진행에서 유사성이 있으나 주제가 부분적이며 상이하다.

(4) 양극화와 관련한 대학교육

그동안 양극화와 관련해 국내에서 다양한 강의와 교육이 진행되어 왔다. 2009년 서울대학교 사회과학연구소에서는 여러 교수들의 공동강의를 통해 양극화 등을 주제로 '우리의 삶과 사회를 새롭게 이해하는 석학강좌'를 운영하고, 이를 책으로 펴낸 바 있다.

2013년 KOCW(온라인 대학공개강의로 한국교육학술정보원에서 운영하는 한국형 OCW)에서 건양대학교 이진 교수가 '사회이슈와 트렌드'라는 교양강좌에서 '현대사회의 이해 — 세계화와 양극화' 주제를 다루기도 했다.

또한 2013년 경희대학교에서 '미래사회학', 2014년, 국민대학교에서 '한국 경제의 이해', 2018년 광주여자대학교의 '화폐와 부의 진화' 등의 대학강의에서도 양극화 문제를 중요하게 다루었다. 그러나 '양극화'만을 본격적으로 다루는 교양강좌를 찾아보기는 어렵다.

2장

소득 양극화

2장
소득 양극화

1. 전 지구적 양극화의 심화

양극화는 선진국과 후진국을 가리지 않고 전 세계적으로 나타나고 있는데, 이것은 1980년대 이후 지속된 '신자유주의적 세계화'와 무관하지 않다. 신자유주의(新自由主義, neo-liberalism)는 1970년대부터 부각된 경제적 자유주의 중 하나로 19세기의 자유방임적인 자유주의가 가진 한계를 국가의 역할을 통해 보완하면서, 개방화, 자유화, 민영화, 탈규제를 지향하는 경제적 사조이다.

경제학적 계보로 볼 때 신자유주의는 밀턴 프리드먼과 프리드리히 하이에크 같은 자유시장을 지지하는 경제학자들의 사상을 일컫는 용어이다. 시대적 배경으로 보면, 1929년 대공황 이후 20세기 중반을 풍미했던 케인스주의가 1970년대 들어서 오일쇼크와 스태그플레이션 등을 겪으며 한계가 나타나자, 그 대안으로 1980년대 미국의 로널드 레이건과 영국의 마거릿 대처 정부가 들어서면서 급부상하였다.

1980년대 이후 이처럼 급격한 양극화 현상은 전 세계적으로 관찰되며 다면적이고 복합적으로 진행되고 있다. 소득분포 양극화의 경우 1970년대부터 시작되어, 1980년대 이후 선진국에서 심화·확대되고 있으며, 최근 양극화 현상은 경기회복으로 양극화가 해소되지 않는 경향이 점점 강해지고 있다.

세계 소득 불평등 지표

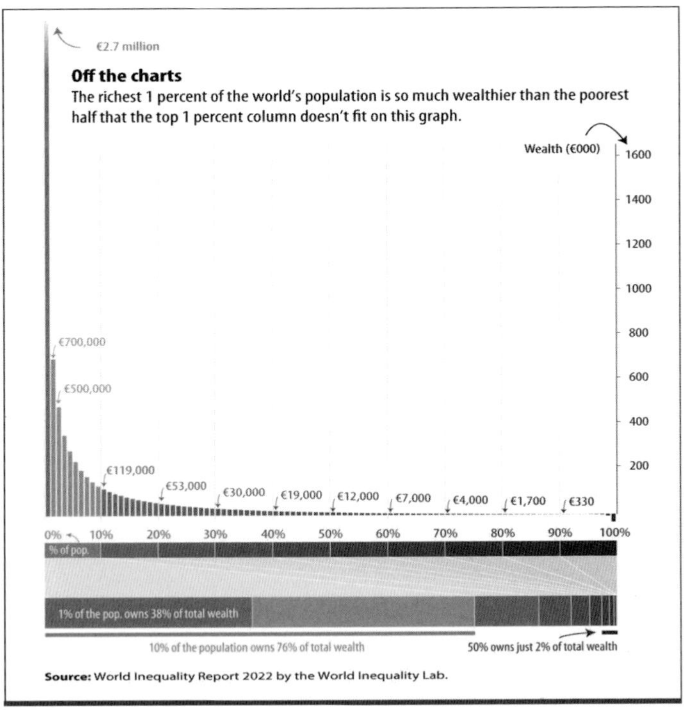

*자료: 국제통화기금 IMF

양극화는 개별 국가의 경제구조 특징에 따라 다양하게 나타난다. 산업 간 양극화, 지역 간 양극화, 기업 간 양극화를 통해 궁극적으로 개인 간 소득 분포의 양극화로 귀결되는 경향이 있다. 세계 선진국 22개국 중에서도 소득 양극화가 진행 중인 나라가 17개국이나 된다. 프랑스, 벨기에를 제외한 대부분의 유럽 국가에서 빈부격차가 확대되고 있으며, 전통적 복지 강국 스웨덴, 덴마크, 독일도 양극화가 나타나고 있으며, 거의 모든 나라에서 일자리 양극화가 진행 중이다.

그중에서도 소득 양극화 경향이 가장 심한 나라는 미국이다. 미국에서는 1976년에서 2007년 사이 미국의 총소득 증가분의 58%를 최고 1%의 부자들이 가져갈 정도로 집중이 심각해지고 있다. 상위 10%가 전체 소득의 절반을 가져가고, 90%의 사람들이 나머지 절반을 가져가는 상황이다. 이러한 양극화에 대처하기 위해 1960년대 이후 지속적으로 빈곤을 퇴치하기 위하여 정책적 노력을 계속해 왔으나, 1990년대 이후 빈곤율은 오히려 증가하는 경향을 보이고 있다. 최근 미국 정부는 저소득층에 대한 교육지원을 통해서 빈곤 탈출을 돕는 데 주력하고 있다. IRA법 등을 통해 자국의 내수경기 활성화와 저소득층의 소득 창출에 많은 노력을 기울이는 상황이다.

영국의 경우 고등교육과 평생교육의 강화를 통해 숙련노동의 비율을 늘리려는 정책을 사용하고 있다. 숙련노동과 비숙련 노동 간의 임금 격차가 양극화로 작용하는 영국의 고등교육정책은 어느 정도 성과를 거둔 것으로 평가된다. 독일의 경우 수출과 내수의 양극화가 심각하지만, 이를 극복하기 위해 내수 진작이라는 단기적 처방보다는 국내 투자 환경을 개선하고 지속적인 제도개혁을 추진하고 있다.

함께 보고 토론하기

미국의 양극화에 대한 다음의 동영상은 2천만 회 이상 조회되었다. 이 동영상을 보고 양극화에 대해 우리가 생각하고 있는 것과 실제의 상황이 얼마나 같거나 다른지 토론해 보자.

Wealth Inequality in America

*자료: https://www.youtube.com/watch?v=QPKKQnijnsM

2. 한국의 양극화

한국의 양극화는 전 세계적으로 보아도 심각한 편이고, 특히 최근의 추세에서 문제되고 있는 것은 양극화의 속도가 매우 빠르고, 해외 선진국에서 개별적으로 나타나는 양극화의 여러 측면이 압축적으로 동시에 나타나고 있다는 점이다.

특히 코로나19 이후, 노동시장 및 가계소득, 소비 품목 및 채널의 양극화가 나타나고 있다. 또한 저소득층의 평균소비 성향이 높다는 점에서 노동시장 및 가계소득의 양극화는 경제 전체의 소비 여력을 축소시킬 가능성이 높다.

양극화에 따른 취약계층이 늘어나면서 정부 재정의 역할이 확대될 수 있다. 피해 업종과 소득 감소 가구의 증가는 긴급재난지원금 지급, 복지 지출 확대 등 정부 재정에 대한 의존도를 높여 결과적으로 재정 부담도 확대될 것이다. 또한 노동, 소득, 교육 분야 등에서 양극화는 계층 간 격차 확대에 따른 상대적 박탈감을 증가시켜, 다양한 사회적 불만과 갈등을 확산시킬 가능성이 있다.

결과적으로 급격한 경제적 · 사회적 변화 과정에서 정부 재정의 효율적 사용을 통해 취약계층을 지원하고 계층 간 갈등을 최소화하려는 사회적 관심을 가질 필요가 있다.

전문가들이 뽑은 대한민국 미래 이슈 10가지

*자료: 한국과학기술기획평가원(KISTEP), '대한민국 미래이슈 2019'

과학기술정보통신부 산하 한국과학기술기획평가원(KISTEP)가 발표한 '대한민국 미래이슈 2019'에 따르면, 10년 후 한국 사회에서 가장 중요한 이슈는 '저출산 · 초고령화'다. 다음으로는 '경제적 · 사회적 · 정치적 격차 심화로 인한 사회 불안정', '저성장과 성장전략 전환', '남북관계 변화', '고용불안' 순으로 중요성이 높았다. 경제 관련 이슈들은 2015년과 비교해 중요성이 더욱 증가했다.[1)]

향후 10년간 일어날 변화의 발생가능성과 영향력

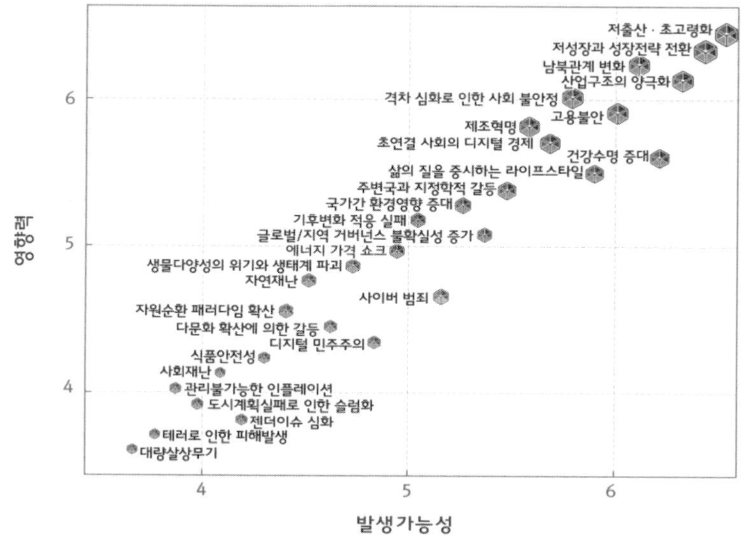

*자료: 한국과학기술기획평가원(KISTEP). '대한민국 미래이슈 2019'

---

1) 한국과학기술기획평가원(KISTEP)은 2015년에 발간한 「미래이슈 보고서」를 기반으로 미래이슈 28개를 뽑고, 향후 10년 후인 한국 사회에 중요하다고 생각되는 이슈와 각 이슈의 발생 가능성, 영향력 등을 기업체와 대학 및 정부출연연구소 등의 전문가 500명을 대상으로 조사했다. 〈중앙일보〉, "10년 후 한국, 소득 양극화는 더 심해지고, 정치적 불평등은 더욱 늘고", 2019. 4. 4.

그런데 저출산·고령화, 저성장 등 경제 분야, 남북관계 등 기존의 대내외적 경제·외교 분야를 제외하면, 2순위로 제시된 것이 바로 '격차 심화로 인한 사회불안정'이다. 근거로 제시된 지표는 '근로자 가구 하위 10% 대비 상위 10% 소득'의 지속적 상승이다. 고용불안과 산업구조의 양극화도 중요한 부정적 지표이다. 10가지 변화 가운데 저출산·고령화, 남북관계 변화, 제조 혁명, 건강수명 증대 등 4가지를 제외한 6가지 지표가 부정적 지표인 가운데, 그중 3가지 지표가 '양극화'와 관계가 있다.

결과적으로 보면, 한국 사회의 미래를 위협하는 가장 중요한 요인은 계층 간 소득과 자산의 격차, 고용시장에서의 정규직·비정규직 등 소득과 처우의 격차, 산업구조에서 대기업·중소기업 및 전통산업·미래산업 등의 격차와 같은 '양극화'인 셈이다.

한국 경제의 문제에 대한 유권자 인식 조사 결과

한국 경제가 직면한 가장 큰 문제는?
(단위:%)

양극화 심화	23.4
청년 실업 등 일자리 부족	22.7
주택 가격 전월세 상승 등 주거부담	18.6
규제로 인한 기업활동 위축	14.8
무역 및 통상 갈등	11.4
국가 채무 증가	5.4
기타	1.6
모름·무응답	2.0

*자료: 〈한국경제신문 조사〉, 2020. 2.

이러한 인식은 비단 전문가들 사이에서만 확인되는 것은 아니다. 2020년 국회의원 총선을 앞두고 한국경제신문이 일반 유권자를 상대로 조사한 결과, 한국 경제가 직면한 가장 큰 문제로 국민들은 '양극화 심화'를 1순위로 꼽았다.[2) 비율로 보면 전체의 23.4%가 양극화 심화를 가장 큰 문제로 응답했는데, 총선 직전이라는 상황과 연계해 보면 우리 국민 4명 중 1명이 양극화를 정치가 해결해야 할 국가적 과제로 인식하고 있는 것이다. 그 외에도 청년 실업 등 일자리 심화 역시 젊은 세대들의 노동시장에서 좋은 일자리의 부족이라는 '노동시장 이중구조'의 문제를 반영하는 것이고, '주택가격 전월세 상승 등 주거부담'도 부동산 시장에서의 자산 양극화와 직접적인 관련이 있다. 이렇게 볼 때, 1~3순위의 응답을 더해보면 전체 유권자의 65%, 약 3명 중 2명이 우리 사회의 가장 큰 문제로 양극화를 꼽고 있는 것으로 이해할 수 있다.

한국 사회의 소득분배 격차가 커진 것은 어제오늘의 일이 아니다. 적어도 2000년 이후로 지속적으로 악화되어 왔다고 볼 수 있다. 여기서 중요한 것은 '지속성'이다. 만약 어떤 사회 문제가 일시적으로 출현한 것이라면 단기적 대응책으로도 충분히 문제를 해결할 수 있다. 그러나 동일한 문제가 지속적으로 발생하고 그 경향이 심화되고 있다면, 이것은 사회의 구조적 문제이며, 원인을 찾거나 문제를 해결하기가 대단히 어렵다는 것을 의미하기 때문이다.

이런 경우에는 그 사회의 주체들이 문제의 원인 파악에 실패했기 때문에 문제를 해결할 수 없다고 여길 수도 있고, 원인은 알지만 문제를

2) 〈한국경제신문〉, "'양극화'가 한국 경제 빅이슈… 서울·30대는 '부동산' 꼽아", 2020. 2. 24.

해결하는 데 사회적 노력과 비용이 너무 많이 들기 때문에 문제 해결을 포기하는 경향이 나타나기도 한다. 그 이유가 어디에 있든지, 이러한 상황이라면 문제를 해결하기는 더욱 어려워진다.

✍ 함께 읽고 토론하기

다음은 2006년과 2016년이라는 10년 간의 양극화 지표 격차를 토대로 작성된 2개의 언론기사 일부와 「20017년 대한민국 부자보고서」의 내용과 도표들이다. 이를 읽고, 한국에서 소득양극화가 어떻게 진행되어 왔는지, 왜 지속적으로 악화되고 있지만 문제의 해결책을 찾지 못하고 있는지 생각해 보자.

▣ <이투데이> "'소득 양극화' 선진국보다 심해"(2006. 8. 18.) 중 일부

삼성경제연구소는 '소득양극화의 현황과 원인'이라는 보고서를 통해 '소득 쏠림', '중산층 축소' 현상 때문에 소득 양극화가 깊어졌고, 외환위기 이후 경기 침체와 성장률 하락이 큰 이유라고 밝혔다. 이 보고서는 소득양극화 해소를 위해서 단순히 분배구조 개선보다는 우선 성장을 통한 일자리 창출이 시급하다고 주장했다. 특히 우리나라의 소득 양극화 정도가 영국, 일본 등 주요 선진국들보다 심한 것으로 나타났다. 우리나라보다 소득 양극화가 심한 선진국은 미국 정도에 불과했다.

소득 양극화란 중간 소득 계층이 줄어들면서 소득분포가 부유층과 빈곤층, 양 극단으로 쏠리는 현상을 말한다. 보고서에 따르면 지난 2004년 현재 한국의 ER지수(소득 5분위별, 전 가구 기준)는 0.0665로 미국(0.0833)보다는 낮았지만 미국과 함께 대표적으로 신자유주의를 추구하는 영국(0.0653)이나 인접 아시아 국가인 일본(0.0507)보다는 높았다. 노르딕 모델의 스웨덴(0.0563)과 유럽대륙 모델의 프랑스(0.0434), 독일(0.0474) 등 상대적으로 복지와 분배를 강조하는 유럽국과의 격차는 더욱 큰 것으로 조사되었다.

한국 양극화 지수[3]

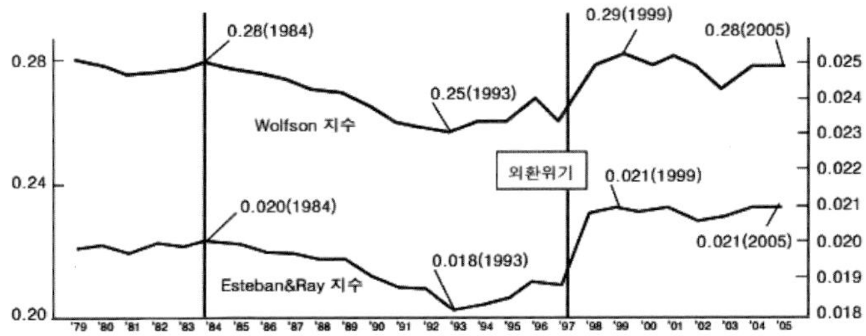

주: 소득은 소득 10분위별 도시근로자 소득을 기준

▣ <머니S> "양극화를 피하라, '증세와 복지' 두토끼 잡을까", (2017. 8. 9. ~ 15.) 기사 중 일부

'부의 양극화' 해소가 시대적 과제로 부상했다. 박근혜 정부의 민간인 국정농단 사태를 겪은 국민들의 허망함이 대대적인 사회개혁 목소리로 바뀌면서 '부의 양극화' 문제를 해결해야 한다는 공감대가 확산된 것이다. 출범 넉 달째로 접어든 문재인 정부 역시 개혁 의지를 천명하며 다양한 해법을 제시했다.

지난 5월 통계청이 발표한 '2016년 소득분배지표'에 따르면 소득

3) 삼성경제연구소, 2016, 「소득양극화의 현황과 원인」, p.4.

불평등을 나타내는 지수인 지니계수가 전체가구의 시장소득 기준 0.353을 기록했다. 이는 2006년 전체가구의 지니계수 통계가 작성된 이후 가장 높은 수치이자 글로벌 금융위기 직후인 2009년에 기록한 0.345를 뛰어넘는 수치이다.

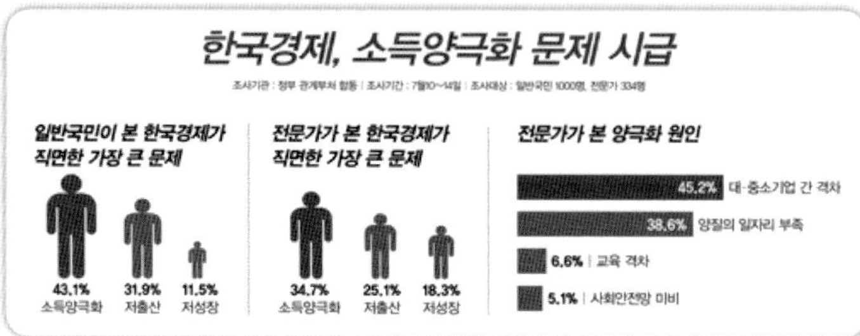

지니계수가 0이면 완전 평등, 1이면 완전 불평등을 의미한다. 0.4를 넘으면 소득분배 불평등이 심한 상태로 보고, 0.7을 넘으면 소득 양극화가 매우 심한 상태로 판단한다. 박근혜 정부 4년간 지니계수 추이를 살펴보면 ▲2013년 0.336 ▲2014년 0.341 ▲2015년 0.341 ▲2016년 0.353을 기록해 매년 소득 불평등이 심화되었다.

▣ KB금융지주 경영연구소, 「2017 한국 부자 보고서」 중 일부

한국 부자(금융자산 10억 원 이상인 개인)의 보유 부동산 규모는 평균 28억 6천만 원(중앙값 15억 원)으로 국내 전체 가계 3의 부동산자산 평균 2.5억 원의 약 11배 수준이다. 50억 원 이상의 부동산을 보유한 한국 부자의 비중이 14.8%, 100억 원 이상 부동산 보유 비중은 4.3%에 이르는 등 한국 부자의 부동산자산 규모는 분산이 매우 큰 분포를 나타내고 있다.

한국 부자의 부동산자산은 '거주용 주택/아파트/오피스텔'이 49.5%, 거주용 외 '투자용 주택/아파트/오피스텔'(18.4%), '빌딩/상가'(16.1%), '토지'(14.5%) 등 투자용 부동산의 비중이 50.5%를 차지하고 있다. 자산 규모가 큰 부자일수록 전체 부동산자산 중 투자용 부동산 비중도 높게 나타나는데, 총자산 50억 원 미만의 경우 43.7%, 50~100억 원의 경우 65.3%, 100억 원 이상의 경우 82.0%가 투자용 부동산인 것으로 나타났다. 또한, 자산이 많을수록 '빌딩/상가'에 대한 투자 비중이 급격히 증가하고 있어, 초고자산가를 중심으로 '빌딩/상가'에 대한 투자 선호도가 높음을 알 수 있다.

한국 부자의 수와 증가율(2017년 기준)[4]

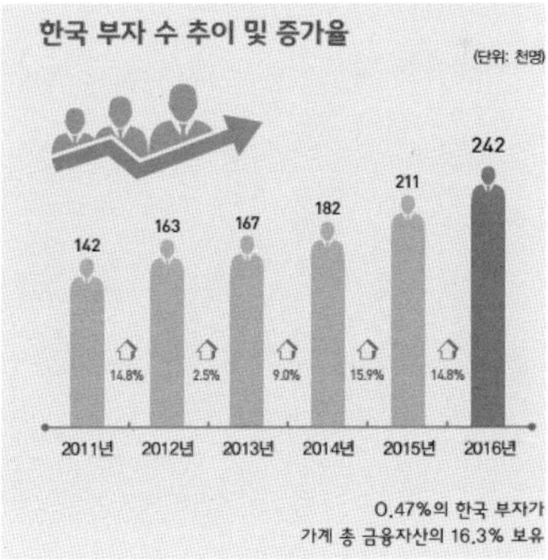

4) KB금융지주 경영연구소, 「2017 한국 부자 보고서」.

한국 부자들의 부동산 투자 현황(2017년 기준)[5)]

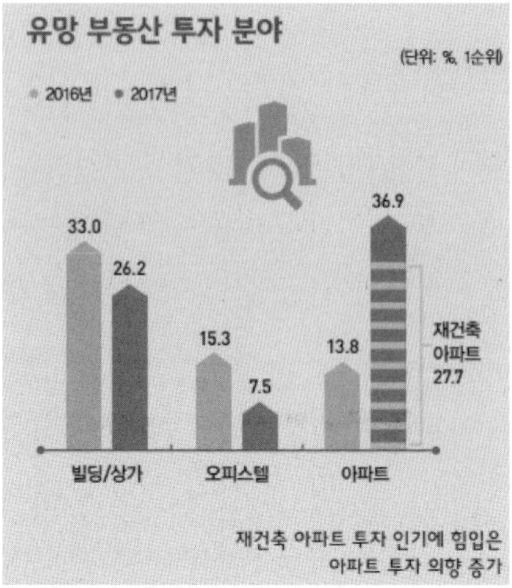

한국 부자들의 부의 상속에 대한 인식(2017년 기준)[6)]

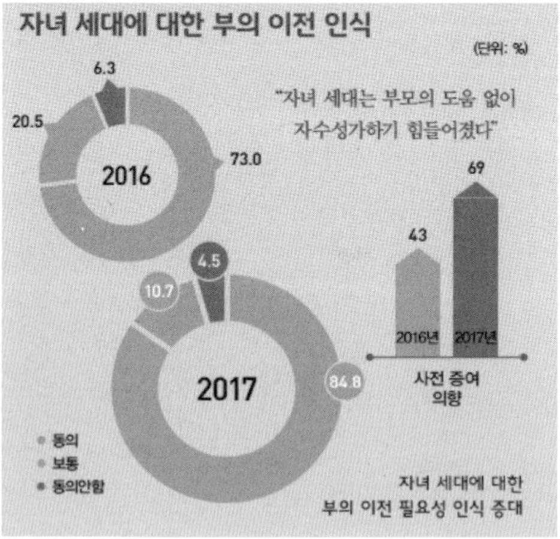

5) KB금융지주 경영연구소, 위의 책.
6) KB금융지주 경영연구소, 위의 책.

3장

수도권-지방 양극화와 지방소멸

3장
수도권-지방 양극화와 지방소멸

1. 왜 지방소멸이 시작되었나

(1) 수도권 중심의 유기체적 국가발전론의 결과

2000년대 이전까지의 국토발전 전략은 수도권을 중심으로 한 유기체적 국가론에 입각해 있었다. 국토정책은 산업과 수출 촉진 등 경제성장을 목표로 효율성 극대화에 초점을 맞추었고, 이를 위해 국가의 인적 · 물적 자원을 수도권에 집중시키는 한편, 지역들은 수도권을 보조하기 위한 특성화 발전 전략에 치중했다. 그 결과 수도권은 종합적인 역량을 가진 초대형 도시로 성장한 반면, 지역들은 국가 전체 및 수도권을 위해 봉사하는 특정한 역량만을 갖춘 불완전 · 불균형 도시(지역)으로 남게 되었다.

지역별로 농업, 제조업, 중화학공업, 광업, 관광 등 특정 역량만을 갖춘 지역들은 해당 산업이 성장할 때는 수도권과 같이 호황을 맞았지만, 해당 산업이 침체하게 되면 돌이키기 어려운 심각한 타격을 받았다. 수도권은 다양한 산업과 인재가 복합적으로 연계되어 있기 때문에 한 가지 산업에 문제가 생겨도 다른 분야에서 대안적인 성장 · 유지 동력을 찾을 수 있는 데 반해, 지역에서는 주력 산업이 국제적 · 국내적 요인으로 일시적 타격을 받으면 곧바로 지역 전체가 붕괴되고 재기의 기회를 상실했다. 이때 침체에 빠진 지역의 사람들, 특히 젊은 세대는 일자리와 미래 비전을 찾기 위해 수도권으로 몰려갔다. 수도권은 유일한 기회의 공간이었다.

지방소멸위험지역 전망[7]

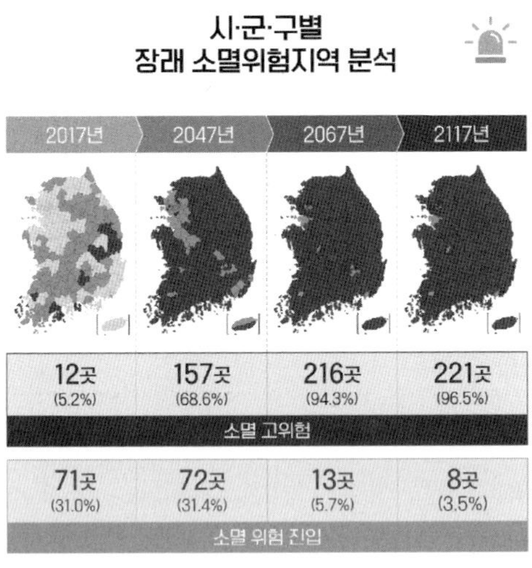

7) 감사원, 2021, 「저출산 · 고령화 대책 성과분석」 보고서.

수도권이 전국의 인적 · 물적 자원을 블랙홀처럼 빨아들이고, 한정된 공간이 무한정 그 수요를 감당할 수 없다는 사실을 깨달은 것은 2000년대 이후였다. 수도권 집중에 따른 불균형이 극심해진 상황에 직면해서야 지역적으로 다원화된 국가 발전전략의 필요성이 제기되었던 것이다. 이렇게 '지역균형발전'이라는 개념의 정책이 본격적으로 처음 추진된 것은 노무현 정부였다. 이후 정권이 바뀌는 과정에서도 '국가균형발전'은 지속적인 정책 어젠다가 되었다. 노무현 정부에서는 행정수도 및 혁신도시, 이명박 정부에서는 5+2 광역경제권, 박근혜 정부에서는 지역행복생활권 등의 정책이 추진되었다.

(2) 균형발전 정책의 효과와 한계

다양한 균형발전 정책에도 불구하고 2000년에 46%였던 수도권 인구비율은 2020년에 50%를 넘어섰다. 20년 동안 약 5%의 집중이 오히려 더해진 것이다. 이를 두고 일부에서는 균형발전 정책이 '실패했다'고 평가하기도 하지만, 대부분의 전문가들은 그나마 균형발전 정책이 있었기 때문에 시간을 지연시키는 성과가 있었다고 본다. 즉, 수도권 집중을 '완화'하기보다는 '지연'시키는 수준에서 그쳤지만, 균형발전의 성과가 아주 없었다고 보기는 어렵다는 것이다.

그런데 균형발전의 정책의 시도는 이러한 '시간 지연'보다 더욱 중요한 함의를 가지고 있다. 크게 2가지 점에서 균형발전 정책의 시사점이 드러난 것이다. 하나는 노무현 정부가 추진했던 행정수도와 혁신도시 정책이 수도권 인구의 분산이라는 성과까지 이끌어내지는 못했지만,

지역에서 집중력 있는 도시가 주변의 인구를 끌어당기는 효과를 가져왔다는 점이다. 일부에서는 이를 두고 지역에 신도시가 생김으로써 수도권이 아닌 인근 지방의 인구만 집중시켰다는 비판을 하기도 한다. 그러나 균형발전 정책을 통해 지역에 새로운 거점도시를 만들지 않았다면, 기존의 구 도시지역과 농어촌 지역의 인구는 세종시와 혁신도시가 아니라 수도권으로 더 빠르게 유출되었을 가능성이 높다. 즉, 지역에서 수도권으로의 이동을 억제 · 지연시키고, 지역에서 지역으로 수평 이동을 시키는 정도의 효과는 일시적으로나마 있었던 것이다. 그리고 혁신도시의 인구집중 효과가 점차 약해지고 있는 이 시기에 추가적인 균형발전 정책을 통해 그 효과를 장기지속 시킬 필요가 있다는 필요성 또한 제기되었다.

도시와 농촌의 소득격차8)

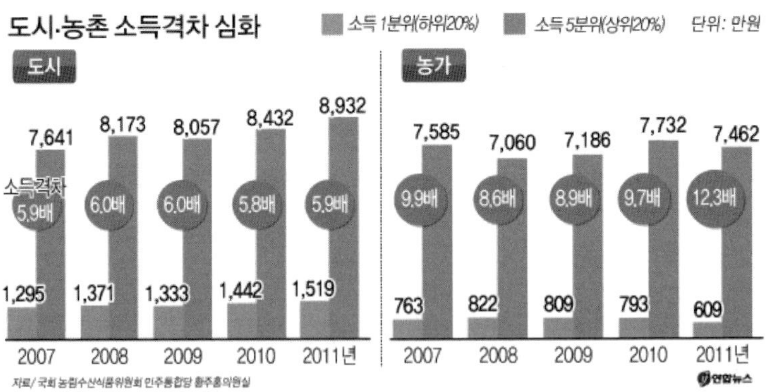

8) 〈경상일보〉, "농촌지역 소득격차 도시보다 심각", 2012. 11. 2.

두 번째는 통합의 필요성이다. 이명박, 박근혜 정부의 균형발전 정책에서는 2가지 특징이 있는데, 하나는 기존의 행정구역을 넘어서는 초광역권 수준의 발전 전략, 다른 하나는 생활권 등을 중심으로 한 유연한 지방분권 정책의 필요성이다. 많은 학자가 지적하듯이, 현재의 시 · 도 행정 체계는 여러 가지 면에서 한계를 보이고 있다. 특히 규모의 경제와 경직적인 행정집행 체계가 지역의 발전을 저해하는 주요한 요인이라는 점이 지적되었다. 광주 · 전남, 대구 · 경북의 활발한 통합 논의는 이에 대한 자발적 성찰과 실천의 필요성이 얼마나 절실한가를 보여주는 사례다.

2. 지역인지감수성

(1) 코로나19와 한국판 뉴딜에서의 지역인지 부재

코로나19로 인해 침체에 빠진 경제 상황을 타개할 수 있는 대안으로 정부는 '한국판 뉴딜' 프로젝트를 추진 중이다. 그리고 그 핵심은 지역에 있다. 대통령이 직접 '한국판 뉴딜의 핵심축은 지역균형 뉴딜'이라고 여러 번 강조했다. 지난해 사업을 본격적으로 추진하기에 앞서, 시장과 도지사를 청와대로 불러서 각 지역이 추진할 지역균형 뉴딜 사업에 대해 프리젠테이션도 들었다. 예산 규모도 커서 전체 뉴딜 투자계획 160조 원 중 75조 원이 지역균형 뉴딜에 배정되었다.

문제는 사업에 임하는 중앙정부의 태도에서 드러났다. 지난해 10월

정부 합동으로 발표한 "지역과 함께하는 '지역균형 뉴딜' 추진 방안"은 지역균형 뉴딜의 필요성에 대해 "대부분의 뉴딜사업이 지역에서 추진되는 점을 감안할 때 중앙-지방간 협업이 절실"하다고 설명했다. 지방연구원의 입장에서 좀 솔직하게 표현하면, "중앙이 돈을 줄 것인데, 그 돈의 상당부분이 지역으로 가니까 협조 잘하자"로 읽힌다. 그 아래에는 "한국판 뉴딜의 성과를 전 지역이 공유할 수 있"도록, "수도권 인구비중 증가 및 비수도권과의 지역내총생산 격차 확대 등을 고려할 때 국가균형발전 필요성" 등의 표현이 이어진다. 사실 발표문 표지의 첫 문구조차 "지역과 함께하는"이다.

지역균형 뉴딜이라면 "지역과 함께하는"이 아니라 "지역이 주도하는"이 맞다. "뉴딜의 성과를 시골사람들도 좀 맛보라", "수도권에 비해 못사는 지역을 생각하니 균형발전도 필요한 것 같다"는 식이 아니라, "기후위기 시대의 발전은 더 이상 수도권 중심으로 불가능하기 때문에", "지속가능한 대한민국의 미래는 지역균형발전에 달려 있기 때문에" 지역균형 뉴딜을 하는 것이다. 그러나 중앙정부, 특히 지방순환 근무 경험이 거의 없다시피 하는 기획재정부 관료들이 주도하는 정책들에서는 이러한 문제의식을 찾기가 매우 어렵다. 여기서 결여된 것을 좀 더 이해하기 쉽게 지칭하자면 '성인지감수성'에 빗대 '지역인지감수성'이라고 할 수 있을 것이다.

(2) 중앙정부 주도의 공모사업 문제

접근 태도가 이렇다 보니 사업 방식도 구태의연하다. 정부주도 뉴딜은 주로 공모사업이다. 균형발전지표 가점 부여, 규제자유특구 지정, 맞춤형 컨설팅이 주요 내용이다. 지역주도 뉴딜에서는 보조금 인센티브 강화, 재정투자사업 심사 간소화, 지방채 초과 발행 상시 협의, 교부세 지원, 국가균형발전특별회계(균특회계) 지원 등이 핵심이다. 이런 내용들은 과거 지역의 경기부양이나 고용위기지역 지원 등의 정책에서 반복되던 것으로, 새로운 내용은 사실상 없다시피 하다.

지역주도의 한국판 뉴딜이 명실상부하게 추진될 수 있는 방법은 이미 여러 차례 제시되었다. 우선 시 · 도 간 경쟁식 공모사업을 지양하는 것이다. 공모사업에서 중앙은 돈을 들고 있는 갑이고, 지방은 그것을 받아가려고 아우성치는 을이다. 중앙 부처들은 사업의 범주, 틀, 예산항목까지 다 정해놓고, 지자체들은 시험을 치르듯 사업계획서를 내고 선정을 기다린다. 선정 과정에서 컨설팅을 한다고 하지만 결국은 선정이냐 탈락이냐의 기로에서 당락을 받아들이는 수밖에 없다.

사정이 이렇다 보니 지역은 어느 공모사업이 당선될지 알 수 없기 때문에 종합적인 발전계획을 수립하는 게 무의미했다. 국토부에서 받아온 사업과 중기부, 교육부에서 받아온 사업이 모두 성격이 달라 제각각이면 어디에 초점을 맞춰야 할지 헛갈리기 시작한다. 운이 좋아 당선된 사업이 계속 사업이 되다 보면, 지자체의 비전은 이제 산으로 가기 시작한다. 부처 간 칸막이에서 벗어나지 못한 조각난 공모사업은 그래서 지역의 종합적 발전에도 별 도움이 안 된다.

이래서야 지역주도라고 할 수 없다. 지방이 아이디어와 청사진을 제시하면, 중앙의 어느 부처들이 이 계획의 어떤 부분을 도와줄지, 각 부분을 어떻게 개선하면 좋은지, 그렇게 지역주도로 함께 만들어

가야 한다. 물론 한 번도 이렇게 해본 적이 없기는 하다. 그래서 '뉴딜'이라는 이름을 단 계획에서 시도해 볼 수 있는 것이다.

다른 하나는, 시도 간 경계를 그대로 둔 채로 경쟁을 통해 균형발전을 이룰 수 있다는 환상을 버려야 한다는 것이다. 이제 지방은 전국을 다 합쳐도 인구는 수도권에 못 미치고, 경제력은 3분의 1밖에 되지 않는다. 그런데 거기서 또 경쟁을 해서 균형발전을 하자는 것은 불가능한 이야기다. 그걸 이미 아는 지역들은 서로의 기득권을 내려놓고 행정통합과 메가시티를 추진하고 있다.

지역균형 뉴딜은 유연한 광역권 발전계획을 통해서만 가능하다. '뉴딜'을 통해서 지역 간의 경쟁이 아니라 연계협력을 강화해야 한다. 광역권을 넘어서는 교통망 확충이나 경제협력, 공동 관광자원 개발 등은 한국판 뉴딜이라는 기회가 아니면 개별 지자체들이 추진하기 어렵다. 이미 행정통합을 추진하는 곳도 있고, 지방자치법 개정으로 가능해진 특별자치연합을 준비하는 곳도 있다. 이런 곳에 과감하게 광역연계형 뉴딜사업을 지원할 때 지역균형 뉴딜이라는 이름에 걸맞은 결과를 얻을 수 있을 것이다.

물론 이러한 정책적 대안이 실제로 작동하려면 무엇보다 중앙의 정책 결정자들이 지역인지감수성을 갖추어야 한다. 그런데 거의 대부분의 관료, 정치인, 언론인 등이 이에 대해 무감각하다. 그 원인을 추적해 보면, 장기간 수도권으로의 인구집중이 낳은 또 하나의 구조적인 문제가 확인된다. 서울로 인구집중이 벌어진 1960년대 이후 출생자들의 상당수가 고향이 아예 '서울'이거나, 대학 진학이나 취업으로 인해 20대 초반부터 '서울 사람'으로 죽 살아왔기 때문에, 지역에 대해 잘 알지도 못하고 연결고리도 존재하지 않는 것이다.

이들에게 지역이라는 곳은 '보이지 않은 곳(invisible space)'이며, 지역에 사는 사람들은 '보이지 않는 사람들(invisible people)'이다. 그래서 지역이라는 곳은 구체적인 삶의 장소가 아니라 상상 속에서 존재한다. 때로 그것을 실제의 현실에서 마주친다고 해도, 그곳의 사람들은 단지 여행지의 배경으로만 존재하거나 며칠간 여행객에게 필요한 서비스를 제공하는 사람들에 불과하다. 이런 상황에서는 중앙의 정책결정자들이 자발적으로 지방에 대해 관심을 갖게 하는 것이 쉽지 않은 일이다. 그럼에도 지역균형발전이 현재의 상황에서 필수불가결한 것이라면, 메가시티를 국가정책으로 강력하게 추진하면서 지역을 '보이는 공간'으로 만들어서 지역인지감수성을 키워나가는 수밖에 없다.

3. 왜 광역교통망이 중요한가?

(1) 핵심인프라는 철도

지역균형발전에서 가장 중요한 기본 인프라는 광역권 교통망의 확충이다. 그중에서 광역순환전철망이 핵심이다. 일부 정치인과 재정당국의 관료들이 광역전철망을 예로 들면서 메가시티 구상이 지역의 SOC 확충을 하기 위한 명분에 불과하다고 본다. 이것은 실로 철저한 수도권 중심의 몰이해다.

우선 오늘날 수도권의 경쟁력이 어디에서 나왔는지부터 생각해 보자.

모든 거대도시의 가장 큰 자원은 '사람'이다. 어떠한 분야의 전문가나 인력이 필요하더라도 그것을 채워줄 수 있는 인적 자원의 존재야말로 도시의 가장 큰 경쟁력이다. 그리고 그 인적 자원들을 효율적으로 활용하기 위해서는 교통망의 확충을 통한 '공간 압축'이 필수적이다. 필요한 인적 자원이 존재한다고 하더라도 제한된 시간 안에 활용할 수 없다면 아무 소용이 없기 때문이다.

공간 압축은 일반 시민의 입장에서는 생활권의 압축이면서, 산업적 측면에서는 인적 자원의 활용성을 극대화하는 것이다. 일산과 강남, 분당과 광화문, 인천과 수원을 대중교통으로 오갈 수 없다면, 수도권의 역량은 기대할 수 없다. 이것은 비단 일부의 고학력 · 엘리트 인재에만 해당되지 않는다. 인천, 안산, 수원, 이천 등을 잇는 수도권 제조업 벨트에서도 대중교통망은 작동한다. 즉, 교통량에 지장을 받지 않아 안정적이면서도, 비교적 짧은 시간에 출퇴근과 비즈니스를 실행할 수 있는 교통인프라는 경제에 가장 결정적인 영향을 미친다.

바로 이것이 부울경 메가시티에서 우선적으로 광역전철망을 강력하게 추진하는 이유다. 기존의 철도망과 도로교통망의 확충 이유에서는, 지금 재정당국에서 생각하듯이 지역 이용자들의 이동 편리성을 높이려는 측면도 없지 않았을 것이다. 그러나 지금 메가시티에서 주장하는 광역순환전철망은 주장의 근거가 전혀 다르다. 지역이 하나의 생활공동체, 경제공동체가 되기 위해서는 인적 자원의 통합과 활용이 가장 핵심적인데, 광역순환전철망이 없다면 부울경의 인적 · 물적 자원의 활용은 원천적으로 불가능한 것이다.

예를 들어 부산 · 울산 · 경남의 4대 거점도시 중에서 울산과 부산의 일부 구간만이 전철로 연결되어 있을 뿐, 나머지 도시들은 사실상 대중교통으로 이동하기가 불가능하다. 특히 메가시티 구상에서 가장 핵심적인 도시들인 부산-창원 간에는 차량 통행만 가능하다. 부산에서 창원까지 철도로 이동하기 위해서는 삼랑진을 거쳐 삼각뿔 모양으로 한참 돌아와야 한다. 그나마 고속도로를 이용한 버스 노선도 한정되어 있을 뿐 아니라, 차량을 이용하더라도 구포대교, 낙동대교 인근에서부터 극심한 교통난에 시달린다. 그래서 부산과 창원은 지리적으로 인접해 있지만 같은 생활권이 아니다. 상시적 인적 교류는 꿈도 꾸기 어렵다. 부산이 동남권에서 금융, 관광, 문화, 서비스업, 연구역량 등에서 가장 큰 장점을 가진 반면, 조선을 비롯한 중공업과 제조업의 전국적 메카인 창원은 서로의 이점을 전혀 활용하지 못하고 있는 셈이다.

이것은 수도권으로 따지면 서울-인천 간 전철망이 없는 상황과 마찬가지다. 제물포-노량진 간 철도가 120년 전에 개통된 것에 비추어 보면, 부산-창원 간 기차 노선조차 없는 현재의 상황은 실로 암담하다. 그런 상황에서도 중앙정부는 GTX와 서해선 등 수도권 광역전철망에 수조 원의 예산을 투입하면서 300억 원 남짓한 예산이 투입되는 부전-마산선 예산을 사업성이 부족하다는 이유로 오랫동안 외면해왔다(2021년 일부 예산 반영). 그리고 다른 광역철도망 사업에 대해서는 여전히 추진이 어렵다는 입장을 보이고 있다. 그 결과 창원의 젊은이들은 일자리를 찾기 위한 취업 관련 학원을 다니기 위해서 부산에 방을 얻어야 하고, 그럴 바에야 차라리 서울에 가는 것이 낫겠다는 판단을 한다. 수도권으로의 인구 유출의 중요한 원인이다.

하이닉스가 엄청난 인센티브를 주는 구미를 마다하고 용인으로 간 이유는 '인적 자원' 때문이었다. 지방에서는 인재를 구할 수 없다는 것이었다. 그런데 지방에서는 그나마 있는 인재도 교통의 낙후로 활용을 못하고 수도권으로 계속 빼앗긴다. 부산과 경남이 각각 340만 명의 인구를 가지고 있지만, 서로 교류가 되지 않기 때문에 시너지 효과를 전혀 낼 수 없는 상황이다. 이런 상황이라면 기업의 유치는 물론이고, 자생적인 산업도 발전시키기가 어렵다. 악순환은 가속화된다. 물론 모든 계획과 예산을 결정하는 '서울 사람들'은 이러한 지역의 현실을 알지도 못하고, 알려고 하지도 않는다. 그저 서울에 전철이 있으니 시골사람들도 전철이 있으면 좋겠다고 떼를 쓰는 줄 안다.

(2) 지방공항 문제: 가덕도 신공항 사례

한국과 영토나 인구, 지리적 환경이 매우 비슷한 나라는 영국, 그중에서도 잉글랜드이다. 특히 지리적으로 사실상 '섬나라'라는 측면에서 두 나라는 매우 닮았고, 수도가 영토의 한쪽에 치우쳐져 있다는 점에서도 유사하다. 그리고 그 대각선 축에 대양(대서양과 태평양)과 접한 항구이자 대규모 공업도시가 존재한다. 자, 맨체스터, 리버풀에 공항이 있고, 이미 국제선이 오랫동안 포화상태라고 하자. 그때 런던 사람들이 "시골에 공항을 지으면 적자가 난다, 예산 낭비다, 환경 문제가 있다, 그러니 런던에 와서 히드로 공항을 이용하면 된다."고 주장한다고 해보자. "런던에 히드로 공항이 이미 있는데, 굳이 맨체스터가 국제공항을 따로 가져야 할 필요가 있느냐?"는 말을 한다고 생각해 보자. 과연 어떤 사람들이 이것을 납득할 수 있을까?

세계의 거의 모든 주요 무역항에는 24시간 활용이 가능한 공항이 있다. 배로 실어 온 무거운 원료를 가공해서 가벼운 고부가가치 제품으로 만들고 나면, 이 제품들은 화물기로 운송되기 때문이다. 이런 방식으로 물류 부가가치를 올리는 항구로 네덜란드 로테르담이 유명하다. 로테르담에는 커피가 배를 통해 들어와서 이것을 로스팅하는데, 이후에는 신선도를 유지하기 위해 반드시 비행기로 운송해야 한다. 그리고 그 부가가치는 같은 무게당 30배가 증가한다. 부산항은 현재 컨테이너 물동량이 전 세계 6위이고, 환적 화물만 보면 세계 2위다. 그런데 부울경 지역에서 생산되는 첨단제품, 고부가가치 가공품 중 항공수송을 필요로 하는 98%가 트럭에 실려서 인천공항으로 나간다. 밤에 화물기가 뜰 수 없기 때문이다. 단 2%만이 여객기 화물을 비집고 이용할 수 있다. 기후 위기 때문에 가덕도 공항을 반대한다는 분들이 이 98%의 화물운송과 탄소배출을 알게 된다면, 이제 부울경은 아예 수출하지 말자고 할 것인가?

철도를 대안인 것처럼 이야기하는 분들이 있다. 비상식적이다. 철도는 대안이 아니라 필수이다. 그리고 공항이 오히려 철도를 견인한다. 세계의 모든 주요 항구와 대도시는 트라이포트(Tri-port) 시스템을 갖추고 있다. 철도, 항구, 공항이 인접해서 시너지 효과를 내는 것이다. 이미 현재의 부산신항, 제2신항(진해)의 물류를 위해서도 철도는 필요조건이다. 또한 인천공항에서 보듯이 국제공항에 철도는 불가분의 동반자이다.

사실 철도는 모달시프트를 가져올 수 있는 친환경적인 대안이다. 그런데 가덕도 신공항을 반대하는 누구도 지난 30년간 거미줄처럼 뻗어나간 수도권 광역전철망 이외의 지방의 철도 건설이 지지부진한 것에 관해서는 관심을 두지 않았다. 그것은 가덕도를 반대한다고 소리를 높이는 지금도 마찬가지이고, 앞으로도 그럴 가능성이 높다. 대안에 대해서는 무관심하거나 목소리를 내지 않으면서, 또 지역의 미래에 대해서는 아무런 고민도 없이 교과서적인 명분에 집착하는 것은 실로 위선적인 태도이다.

철도와 관련하여 특히 이런 부분이 잘 드러나는 것은 소위 '예비타당성 조사'(이하 '예타')를 둘러싼 진보적 지식인, 정당, 언론의 태도다. 예비타당성 조사는 예산의 효율적인 지출을 위해 1990년대에 만든 제도이다. 총 사업비 500억 원, 국가 재정 300억 원 이상의 사업에 대해 조사를 통해 사업추진 여부를 판단한다. 이 조사에서 핵심은 경제성이다. 그 결과 현재도 인구가 많고 앞으로도 늘어날 것으로 예상되는 수도권의 사업들은 높은 평가를 받는 반면, 지방의 인프라와 관련된 사업들은 예타를 거의 통과하지 못한다. 그래서 흔히 지역에서는 예타를 '통곡의 벽'이라고 한다. 특히 도로에 비해 철도는 더욱 그렇다. 그런 사업들에 대해 지방정부들이 '예타 면제'를 추진했을 때, '서울의 진보들'은 '정치적 농단', '퍼주기'라고 비난했다.

그래서 지역의 철도사업들은 지역의 목소리를 앞세운 보수적 정당과 정치인들의 작품인 경우가 많다. 울산(태화강)-부산(일광) 간 전철망이 대표적인 예이다. 또 얼마 전 대전-통영 간 고속도로와 유사한, 대한민국에서 유일하게 철도가 부재한 이 구간에 '남부내륙고속철도'를 추진할 때도 예타 면제가 유일한 방법이었는데, 이에 대한 정치적 비판은 주로 진보적 진영에서 나왔다. 예타는 지난 수십 년 동안 '가진 자들(수도권)'이 예산을 독점하여 기득권을 강화하는 합법적 수단이었다. 그런 비판이 거세지자, 2019년에 기재부가 경제성 가중치를 낮추고 지역균형발전의 가중치를 높이는 쪽으로 지침을 변경했지만, 경제성 가중치는 5% 하향 조정되는 데 그쳤고, 가중치 범위 조정이라는 실무적 평가에 들어가면 그나마도 거의 작동하지 않는다. 실제로 지침 변경 이후 그 혜택을 받은 것은 지금까지 단 1건이었다.

올해 초 가덕도 신공항 특별법이 논의될 때도, 진보 진영의 비판은 기후위기에 더불어 '예타 면제'가 특혜라는 것에 집중되었는데, 그중 어느 누구도 예타 제도의 문제점에 대해서는 지적하지 않았다. 흥미로운 것은 가덕도 신공항 직전에 지역의 공공병원 신규 설립에 대해 예타 면제를 국무회의에서 의결했을 때는 아무런 반대가 없었다는 것이다. 같은 논리로 따지면 공공병원에 대해서도 예타 면제라는 '특혜'를 받았다고 표현해야 하지만 누구도 그렇게는 말하지 않았다. 물론 공공병원이 인간의 건강과 생명을 다룬다는 점에서 더욱 중요하다고 생각할 수도 있다. 그러나 문제는, 그런 사업조차도 지역에서 추진할 때는 여전히 예타를 받아야 하고, 면제를 할 때는 개별 사업별로 정치적 판단을 내릴 수밖에 없을 정도로 이 제도가 경직적이고 수도권 중심적이라는 것이다. 즉, 꼭 필요한 사업들은 '특혜'를 입어야만 진행될 수 있다. 진보진영은 여전히 이 제도에 대해 별다른 문제제기를 하지 않고 있다.

부울경 메가시티와 그것을 뒷받침할 핵심 인프라인 철도와 공항은, 과연 침체를 거듭하고 있는 현재의 상황을 반전시킬 수 있느냐 하는 고심 끝에 나온 전략이다. 지역이 다시 경쟁력을 갖기 위해서는 그나마 존재하는 인적 자원의 활용이라도 극대화하기 위해 대중교통망이 필수적으로 확충되어야 하고, 첨단 고부가가치 산업을 유치하고 키워나갈 수 있느냐의 여부는 24시간 이착륙이 가능한 공항이 있느냐에 달려 있다.

주요 지역별 소득 유입 출입 통계

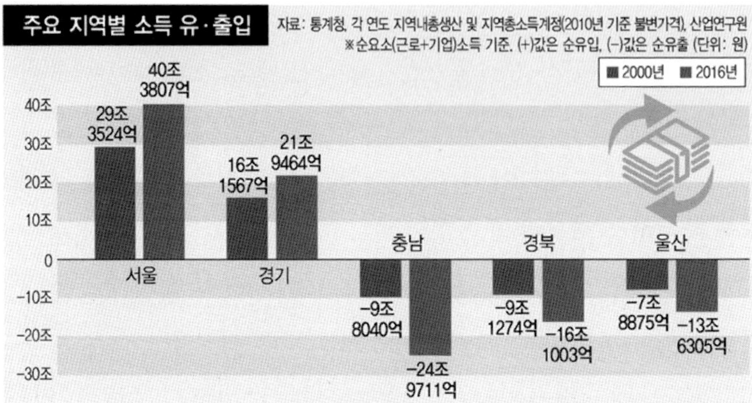

4. 대안적 발전론에 대한 검토

(1) 지방의 보건의료 실태

2019년 인천이 지역내총생산에서 사상 처음으로 부산을 제치고 역전시켰을 때, 부산뿐 아니라 울산, 경남 등 지역이 받은 충격이 어떤 것인지를 수도권은 잘 알지 못한다. 부울경 지역의 인구가 2019년 기준으로 연간 4만 명 이상, 2000년 이후 20년간 총 62만 명 넘게 수도권으로 유출되고 있고, 그 절대다수가 청년층이라는 점이 어떤 의미가 있는

지를 수도권은 고민하지 않는다. 광역전철망이나 신공항이 단순히 '지역민들의 편의를 위한 이기적인 주장'이라는 수도권 중심주의의 몰이해에, 서울의 진보는 단단히 사로잡혀 있다. 그리고 대단히 흥미로운 점은, 이런 이해를 보수적인 재정당국과 서울의 진보가 함께 공유하고 있다는 사실이다.

마지막으로 진보의 이중성과 관련해 지적하고 싶은 것은 낭만주의다. 지역의 미래 비전에 대해 언급하면, 어떤 진보들은 "지방이 같은 내용으로 수도권과 경쟁하려고 하지 말라", "그것은 바람직한 미래가 아니다", "서울의 삶의 질은 지금도 좋지 못하다"고 말한다. 일견 타당해 보인다. 예를 들어, 지금도 소규모 예산으로 최소한의 공동체성을 유지하기 위해 추진되고 있는 '농어촌 유토피아' 같은 사업이 그런 비전에 딱 맞는 비전인 듯싶다. 그러나 그것이 어떻게 대안과 비전이 될 수 있겠는가. 지역이 실상은 그런 낭만적 망상을 한 꺼풀만 벗기고 나면 처참하기 그지없고, 그런 주장은 성의 없는 충고에 불과하다.

무엇보다 낭만주의적 접근에서 심각한 것은, 전원적 풍경 이면에 보이지 않는 필수 인프라의 부재이다. 그중에서도 보건의료가 가장 심각하다. 현재 경남뿐 아니라 많은 농어촌 지역에는 군 단위에도 종합병원이 없고, 외상, 심혈관질환, 산부인과, 소아청소년과 전문의를 만나기 위해서는 골든타임을 한참 지나서야 병원에 도착할 수 있다. 이런 지역에서 응급상황이 발생하면, 다른 도리가 없다. 농촌지역의 인구가 줄어들고 있는 것, 특히 젊은 인구가 급속히 줄고 있는 데에는 이러한 현실적인 이유가 존재한다. 귀농, 귀어를 하더라도 긴급한 상황에서 의식주와 보건의료를 해결할 수 있는 대도시 인근에 자리를 잡으려고 하는 이유이다. 이런 지역에 공공병원을 세우려고 해도 예타를 통과하지 못하니 민간병원이 올 이유는 더더욱 없다. 보건의료 이외에도 공공이 제공하지 않는 다른 인프라를 기대하기란 거의 불가능하다. 지역은 결코 낭만적이지 않고, 낭만적일 수 없다.

지방이 아무리 낭만적 미래비전을 가진다고 해도 바뀌지 않는 사실은, 부산이 여전히 동북아에서 압도적 역량을 가진 항구라는 점이고, 울산은 대한민국은 물론 전 세계적으로도 한동안은 자동차 산업의 메카라는 지위를 이어갈 것이고, 경남은 조선과 전자 분야에서 세계적인 경쟁력을 가진 지역이라는 점이다. 그리고 그 경쟁력을 이어가기 위해서는 인적 자원과 물류 인프라에 대한 지속적 투자가 필수적이다. 이것을 다 포기하고 그냥 서서히 망해서 휴양도시가 되는 것이, 수도권 사람들이 보기에는 별일이 아닐지 모르겠다. 그러나 이것은 국가적으로도 재앙이다. 당장 이 지역에서 대규모의 실업이 발생한다면, 그 비용은 누가 감당할 것인가? 그때 수도권은 “지역이 스스로 앞날을 개척하지 못해서 수도권 사람들이 피해를 보게 되었다.”고 말할 것인가?

(2) 지방대학과 지역의 자립 역량

현재 지역 대학들이 맞닥뜨리고 있는 위기는 그 대학들이 자초한 것이 아니다. 그 대학들이 잘못한 것이 있다면 처음에 ‘지역’에 자리를 잡았다는 것이다. 과거와는 달리 고학력 인력이 많이 배출되면서, 지금은 수도권과 지방대학의 교수진의 질적 차이는 많이 좁혀졌다. 강의의 질적 수준에서 수도권 대학이 전반적으로 크게 낫다고 보기도 어렵다.

그럼에도 불구하고 수도권 대학들이 학생들 모집에서 훨씬 좋은 결과를 보여주는 이유는 그들이 수도권에 있기 때문이다. 수도권 대학들의 경쟁력은 대학에서 나온 것이 아니라 그들의 위치에서 나온다. 왜 학령인구는 전국적으로 줄어드는데, 대학은 벚꽃 피는 순서대로 망하는 것일까? 왜 이런 구조적 불평등 상황 속에서도, 중앙정부는 일관된 지표로 대학들을 평가하고 솎아내려고 하는가?

교육부의 대학구조조정이 종종 '정치적 이유로' (로비 때문에) 실패한다는 불만은 사실이다. 그런데 이것은 구조조정의 방법 자체가 잘못되었기 때문이 아닌가? 그런 반발이 있자 중앙정부는 대학평가의 방식을 권역별로 하는 것으로 바꾸기도 했는데, 참으로 눈 가리고 아웅하는 것에 지나지 않는다. 어차피 수도권 대학들은 학생 모집에 어려움을 겪지 않을 것이기 때문에, 결국 지방의 권역 내에서 자기들끼리 출혈경쟁을 가속화하는 것밖에는 안 된다. 그리고 이런 무성의한 대책이 계속 반복되는 이유는, 지방대학의 문제가 '그들'의 문제가 아니기 때문이다.

지방대학의 문제는 단순히 교육의 문제가 아니다. 지역의 산업을 지탱하고 있는 다수의 인적 자원은 여전히 지역대학 출신의 청년들이다. 지방대학은 현재 지역의 산학연 체제에서 유일한 대안이고, 그것이 무너지면 인적 자원의 재생산은 영구적으로 불가능해진다. 그러나 늘 풍족한 서울은 이런 고민을 하지 않는다. 대학이 없어지면, 지역의 대학가가 없어질 것이라는 낭만적인 비극성에 젖을 뿐이다.

5. 어떻게 위기를 극복할 것인가? : 메가시티와 지역인지감수성의 회복

현재 일부 지방에서 추진되고 있는 '메가시티'론은 지난 20년간 추진된 지역균형발전 정책의 성과와 한계를 성찰한 결과라고 할 수 있다. 핵심은 3가지이다. 첫째, 수도권 집중을 통한 국가 발전은 더 이상 상생이나 정의의 문제가 아니라, 국가 전체의 지속가능성 측면에서도 설명력을 상실했다는 점이다. 둘째, 지역균형발전은 종합적 역량을 가진 일정 규모 이상의 도시를 필요로 하기 때문에 기존의 광역자치단체를 넘어서는 규모의 경제를 실현할 때만 가능하다는 점이다. 셋째, 기존의 경직적인 행정체계를 넘어서 생활인프라, 경제, 산업, 교통 등 각 분야별로 유연하게 초광역 수준의 협력과 연합이 필요하다는 것이다. 부울경 메가시티는 이러한 조건을 모두 갖춘 유일한 지역균형발전 전략이다.

그런데 이러한 메가시티 구상을 실현하기란 현재로서는 쉽지 않아 보인다. 그 이유는 중앙정부, 특히 재정당국과 정치권이 이 사업에 대해 관심을 갖지 않고 있기 때문이다. 현재 광역특별연합에 대해서는 행정적으로는 지자체들 간의 합의를 통해 추진이 가능하지만, 실제로 공동사업을 진행할 수 있는 재정을 마련하기 위한 대책(지방교부세법 개정)은 세우지 않고 있다. 사실 재정당국은 메가시티 추진에 필요한 사업들에 대해 매우 미온적인 태도를 보이고 있다. 균형발전특별회계에 둘 이상의 지방자치단체 공동사업에 대한 지원이 명시되어 있지만, 한정된 회계 내에서 초광역사업을 위한 예산을 대규모로 지출하는 것은 타 지자체의 입장에서 볼 때 불합리해 보일 수도 있다.

결국 메가시티 추진에서 핵심적인 것은 새로운 지역균형발전 전략에 대한 공감대를 형성하는 것에서 시작되지 않을 수 없다. 재정당국과 정치권이 수도권 중심의 사고에서 벗어나지 못하는 한, 이에 필요한 실질적인 자원을 동원하기란 현실적으로 매우 어렵기 때문이다. 이러한 사고의 전환에서 가장 핵심적인 것은 '수도권 중심주의' 혹은 '수도권 선민주의'를 극복하고 '지역인지감수성'을 갖추는 것이다. 그것은 지역균형발전 정책의 현실적인 장벽으로 지적되는 행정적 · 사업적 · 정적 장애물의 너머에 존재하는, 보다 근본적이고 실질적인 지점이다. 즉, 현상적으로 보이는 난관들의 뿌리에 존재하는 주체들의 심성적인 측면의 문제이다.

과거 한국 정치는 지역주의로 인해 많은 고통을 겪었다. 여전히 그러한 측면이 강하게 존재하지만, 새로운 유권자 세대가 출현하면서 가까운 시일 내에 상당한 변화가 예상되기도 한다. 다만 필자가 우려하는 것은 새로운 지역주의의 탄생이다. 그것은 과거와 같은 영호남 갈등, 선호하는 정치적 지도자에 대한 차이, 이념에 따른 갈등이 아니라, 국가를 움직여가는 과밀화로 지속가능하지 않은 수도권과 일방적으로 소멸하는 지방의 갈등이다. 특정 세력이 국가의 자원을 독점할 때 다른 세력에 속한 국민들은 보이지 않는 사람들이 된다. 이것은 과거의 지역주의에서도 그러했고, 사회계층적으로도 현재진행형인 문제이다. 이제 이러한 불균등, 불평등에 수도권과 지방이라는 새로운 2국민 체제가 더해질 가능성이 높다. 이미 여러 측면에서 그러한 조짐은 현실로 나타나고 있다.

현재 대한민국은 자본과 노동, 노동 내의 이중구조, 자산과 소득의 불평등 등 다양한 불균형에 시달리고 있다. 수도권과 지방의 불균형 역시 매우 중요하다. 대한민국이 보다 지속가능한 '균형국가'가 되기 위해서는 국가균형발전의 핵심 전략으로 메가시티를 범정부적으로 추진해야 한다. 그러한 의지를 표명할 때만 이 의제는 전국적으로 이슈화되고, 수도권 중심주의와 지역인지감수성의 부재를 넘어 실현가능한 전략으로 인식될 수 있을 것이다.

✍ 함께 보고 토론하기

다음 동영상은 교육방송에서 지방소멸과 인구소멸이 어떻게 연관되어 있는지를 추적한 다큐멘터리이다. 이 동영상을 보고 청년들의 수도권 집중이 청년들의 삶과 한국의 미래에 어떤 영향을 미치는지에 대해 토론해 보자.

▣ EBS [다큐멘터리K] 인구대기획 – 초저출생 5부 '보이지 않는 도시'

✍ 함께 읽고 토론하기

개발주의는 지역발전 정책에서 보수나 진보 양 진영에서 모두 자주 비판을 받는 지점이다. 한편으로 지방은 철학이 빈곤하고 낙후된 전근대적 발전을 여전히 추구하는 것처럼 보이기도 한다. 그런데 왜 그런 비판을 받으면서도 지방에서는 여전히 개발주의가 호응을 받고 있는 것처럼 보이는지, 다음의 세 글을 함께 읽고 토론해 보자.

▣ 조형근, “새만금에 돌을 던져라, 하지만”, <한겨레신문>(2023. 8. 8.) 중 일부

왜 수풀 우거진 곳들 놔두고 허허벌판 매립지에서 잼버리를 열까? 잼버리의 성공이 아니라 그 핑계로 갯벌을 없애는 게 진짜 목적이었기 때문이다. 뉴스를 보면 누구나 의문을 품게 된다. 왜 수풀 우거진 곳들 놔두고 허허벌판 매립지에서 잼버리를 열까? 잼버리의 성공이 아니라 그 핑계로 갯벌을 없애는 게 진짜 목적이었기 때문이다. 이렇게 기득권 세력들을 싸잡아 비난하다가 문득 20여 년 전 옛일이 떠올랐다. 부안군수의 돌발적인 핵폐기장 유치 선언과 주민들의 저항, 핵폐기장은 반대하는 주민들이 새만금에는 우호적이라고 했다. 뭐라도 먹거리가 생기지 않을까 기대한다는 것이다. 갯벌을 지키자는 주장이 주민들에게는 아쉬울 것 없는 서울 중산층의 배부른 낭만처럼 들린다는 것이었다. 충격이었다. 개발주의 비판도, 수도권 중심주의 비판도 그 자체로는 반쪽일 뿐이다. 둘 다 비판하면서 동시에 대안적인 평등사회의 전망을 키워야 한다. 무엇보다 수도권 사는 이익은 다 누리면서, 지방에 대해 남 일 보듯 이야기해서는 안 된다. 새만금에 돌을 던지기는 쉽다. 나도 던졌다. 자기도 맞을 각오를 해야 한다.

▣ 강준만, "지방을 더 이상 '식민지'로 묶어 두지 말라", <경향신문>(2023. 8. 29.) 중 일부

언론은 무엇을 하고 있었을까? 잼버리대회의 실패 조짐을 전혀 알아차리지 못했단 말인가? 시인 김택근은 8월 12일 경향신문 칼럼에서 새만금 지역 인근에 사는 친구가 전화로 쏟아낸 말을 다음과 같이 전했다. "이상한 것은 수만 명이 온다는 국제행사가 코앞인데 언론들이 조용하더라고. 아무도 챙기지 않았지. 그 누구도 와보지 않은 거야. 동네잔치도 이렇게는 안 해. 다들 마음은 다른 데 있었어."

모든 언론이 새만금을 외면한 건 아니었다. 전북 지역의 신문·방송은 지난해부터 여러 문제점을 자세히 지적했다. JTV 전주방송은 대회를 석 달가량 앞둔 5월 "잼버리 코앞인데 … 사흘 비에 현장은 '물바다'"란 제목의 현장 취재 보도를 내보낸 이후 지속적으로 이 문제를 다뤘다. 전주MBC는 지난해부터 '배수 부적합' '의료진 태부족' '컨트롤타워 실종' 등을 현장 고발 기사와 후속 보도로 10여 차례 내보냈다. 문제는 중앙 언론이었다. 김명래는 "잼버리 초기 언론 보도 양상만 보면 지금의 '과몰입'과는 달리 '무관심'에 가까웠다는 사실을 어렵지 않게 알게 됐다."며 "전국 단위 언론에게 잼버리는, 조금 과장해서 말하면, 그저 '동네 축제'였을 뿐이었다."고 지적했다. 비판 보도에 이른바 '중앙 언론'이 힘을 실어줬다면 새만금 잼버리는 실패로 끝나지 않았을 것이라고 생각한다.

■ **이관후, "이럴 바엔 5천만 전 국민이 다 서울 와서 살면 좋겠다", <한겨레21>(2023. 9. 15.)**

'소멸'에 대해 이야기하지만, '대한민국 소멸'이나 '희망 소멸' 같은 용어는 낯설다. 그런데 소멸이 익숙한 경우가 있다. '지방 소멸'이다. 사실 이 표현을 쓰기가 망설여진다. 우리는 이미 여기에 둔감하기 때문이다. 요즘 많은 사람이 이 말에 보여주는 태도는 공감 · 절실함 · 이해 · 안타까움이 아니라, 차별 · 냉소 · 무기력 · 무관심 · 귀찮음 같은 것이다. 이 용어의 쓰임새 자체가 어쩌면 지금 우리가 소멸에 갖는 태도를 보여주기도 한다.

부익부 빈익빈의 합리적 시스템

그럼에도 이에 대해 말하지 않을 수 없는 이유는, 대한민국 소멸이나 희망 소멸이 많은 부분 지방 소멸에서 출발하기 때문이다. 청년들은 서울로 와야 '기회'를 잡는다. 교육, 연애, 취업, 유행, 정보, 모든 것이 서울에 있다. 그런데 서울 살기가 팍팍하다. 계속 수요가 있으니 주거비 · 생활비는 떨어질 리 만무하고 경쟁은 더 혹독하다. 겨우 숨이라도 돌릴라치면 결혼이나 아이는 포기해야 한다. 전국 합계출생률이 0.79일 때 서울은 0.59였다. 2023년 2분기 전국 출생률은 0.70이다.

지방에는 좋은 일자리가 없고, 그래서 지방대학들은 경쟁력이 없다. 정부와 언론은 경쟁력 비교를 통한 대학 평가를 말하지만 다 거짓말이다. 입학과 취업에서 낮은 평가를 받는 대학을 삽으로 떠서 서울에 갖다 놓기만 해보라. 어떻게 달라지는지. 지방에 좋은 일자리가 없는 것은 기업이 없기 때문이다.

기업은 일할 사람이 없어서 안 온다. 중앙은 늘 지방에 특성화를 하라고 하지만, 삶의 질은 종합적이다. 공장이나 관광지만 있는 곳에는 사람이 많이 살 수 없다. 귀촌을 말하지만, 학교와 병원이 없는 곳에서 아이와 노인은 살 수 없다. 그 가족도 못 산다. 학교는 규모의 이유로 없어지고, 병원은 의사를 구하지 못한다. 중앙은 말한다. "왜 서울과 경쟁하려 하세요? 지방이 잘할 수 있는 걸 하세요!" 그렇게 말하는 사람, 절대 지방에 와서 살지 않는다. 특성화를 통한 균형발전은 근본적으로 사기다. 지속가능성이 없다.

수도권의 경쟁력은 네트워크에서 나온다. 사람과 정보가 모이고 빠르게 유통된다. 전철 때문에 가능하다. 휴전선 앞에서 충남 천안까지, 인천 앞바다에서 강원도 춘천까지 전철이 간다. 그 전철의 근간은 국비로 지어졌다. 처음에는 도시를 따라 전철이 놓이던 것이, 나중에는 전철을 따라 도시가 형성됐다. 이제 수도권광역급행철도(GTX)까지 국비로 지으려 한다. 그러면 또 수도권의 집값이 그 라인을 따라 오를 것이다. 지방에서는 이미 있는 철로에 기차만 놓으려 해도 돈이 없다. 국비 지원은 수요가 없어서 안 된다. 예타(예비타당성 조사)라는 통곡의 벽을 넘을 수 없다. 부익부 빈익빈의 합리적 시스템이다.

세계 스카우트 잼버리가 끝나고 사람들이 중앙정부와 전라북도 중 하나를 비난하기 시작했을 때, 사회학자 조형근이 용기 있는 글을 썼다. "갯벌을 지키자는 주장이 서울 중산층의 배부른 낭만처럼 들린다는 것이었다. 충격이었다. 수도권 사는 이익은 다 누리면서, 지방에 대해 남 일 보듯 이야기해서는 안 된다. 새만금에 돌을 던지기는 쉽다. 나도 던졌다. 자기도 맞을 각오를 해야 한다."(〈한겨레〉, 2023. 8. 9.) 필자도 좀 더 용기를 내보려 한다.

인천공항도 활주로 확장 중

지방공항은 정말 동네북이다. 지방의 허욕을 비판할 때 공항처럼 좋은 것이 없다. 진보는 환경 파괴를, 보수는 수익성을 따진다. 모두 낙제점이고 사례도 많다. 이번 잼버리가 끝나자 제일 먼저 두들겨 맞은 것도 전북 새만금 공항이다. 정부는 2024년 예산을 5천억 원 삭감했고, 사실상 관련 사업의 전면 재검토에 들어갔다. 부산 가덕도 신공항은 어떤가? 외형을 보면 비슷하다. 새만금이 잼버리를 발판 삼았다면, 가덕도는 엑스포를 명분으로 한다. 새만금이 이미 천혜의 갯벌을 없앴다면, 가덕도는 섬을 없앨 판이다. 새만금에 돌을 던질 수 없다는 사람들도 가덕도에 대한 돌팔매를 재고할 생각은 없는 것 같다.

2021년, 경기도 고양시갑이 지역구인 정의당 심상정 의원은 "신공항이 지어지고 이용이 활성화되면 항공 부문 탄소배출량은 추가로 1.5배 늘어날 것으로 추산된다. 신공항들이 2050년 탄소중립 비전의 적이 되지 않으려면, 공항에서 고추를 말리는 방법밖에 없다."고 지적했다. 맞는 말이다. 그런데 신공항을 안 지으면, 탄소배출량은 늘어나지 않을까? 전혀 아니다. 수도권 사람들이 '모르는 비밀'을 말하자면, 신공항을 안 지어도 항공 부문 탄소배출량은 어마어마하게 늘어나는 중이다. 인천공항은 현재 3본의 활주로를 가지고 있는데 네 번째 활주로를 만들고 있다. 네 번째 활주로 공사가 끝나면 바로 다섯 번째 활주로 공사가 시작된다.

한 언론사의 기사다. "인천국제공항공사는 오는 2024년 10월 완료를 목표로 7년간 4조 8,000억 원을 투자해 제2여객터미널 확장, 제4활주로 건설 등을 골자로 하는 4단계 건설사업을 진행하고 있다. 4단계 건설사업이 완료되면 인천공항의 연간 여객 수용 능력은 현재 7,700만 명에서 1억 600만 명으로 증가하게 되며 세계 최초로 국제여객 5,000만 명 이상이 수용 가능한 여객터미널을 2개 보유하게 된다."(《파이낸셜뉴스》, 2023. 8. 22.)

이런 기사를 읽으면 우리는 탄소배출을 걱정하기는커녕 가슴이 웅장해진다. 가덕도 신공항은 탄소배출의 주범이자 지구의 적이지만 인천공항은 아니기 때문이다. 둘 중 어디가 탄소배출을 더 많이 할지는 물어보나마나다. 그렇다면 진보적 정치인들과 기후 관련 활동가들이 분기탱천해 인천공항 출국장에서 농성이라도 해야 할 것 같다. 그러나 그런 일은 일어나지 않는다. 여기는 '서울'이기 때문이다. 서울 사람들이 이용하는 공항에 기후위기나 탄소중립 같은 것을 따져서는 안 된다.

첨단기업이 남쪽에 못 오는 이유

그러면 지방은? 쉬운 답변이 있다. '시골에는 수요가 없다'는 것이다. 그런가? 가덕도 신공항은 아직 미확정인 부산 엑스포랑 별 관련이 없다. 경남 김해공항 자체가 포화된 지 오래다. 생각해보자. 수도권에 있는 사람이 그렇게 많이 나가는데, 그곳 국민은 시골 사람이라서 외국을 안 가겠는가. 코로나19 이전까지 김해공항은 해마다 1천억 원 이상의

흑자를 기록해, 김포공항(670억 원)과 제주공항(730억 원)을 뛰어넘는 가성비가 가장 높은 공항이었다. 이용객 수가 예상을 이미 넘어섰고, 국제선 탑승자용 줄이 공항 밖까지 늘어서는 광경도 흔히 볼 수 있었다. 하지만 서울에서는 간단한 자료조차 찾아볼 생각도 없이 진보 · 보수 모두 확신에 차서 '고추 타령'을 하고 있었다.

탄소중립의 효율성을 위해 '시골 사람들'이 인천까지 오는 수고를 좀 하면 되지 않느냐고 할 수 있다. 그럴 수도 있다. 그런데 공짜가 아니다. 서울 사람들은 전철 타고 인천공항에 가지만, 시골 사람들은 그렇지 않다. 한 해 동남권 국민 약 500만 명이 인천공항을 이용하는데, 이동비용이 연간 7천억 원이다. 이 돈을 누가 주지 않는다. 서울 사람들은 싸고 편리하게, 시골 사람들은 불편하고 비싸게 가는 것이다. 물론 2등 국민이니 어쩔 수 없기는 하다.

사실 김해공항 확장이 아니라 신공항이 필요한 논리는 다른 데 있다. 사람들은 인천공항이 밤에는 노는 줄 알지만 화물기가 끊임없이 뜬다. 그러니까 우리가 먹고사는 것이다. 김해공항에선 화물기가 뜰 수 없다. 도심에 인접해 이착륙이 금지되는 '커퓨타임'(밤 11시~아침 6시)이 있기 때문이다. 낮에는 여객기 뜨기도 바쁘다. 그래서 비행기로 제품을 실어 날라야 하는 첨단기업은 남쪽에 못 온다. 사람과 금융이 해결된대도 유통할 방법이 없다. 관련 인프라도 당연히 없다. 코로나19 시기에 한번은 비상의료용품을 비행기로 실어 보내려 한 적이 있다. 못 받았다. 화물기가 올 수 없었고, 공항에 보관할 냉장기기가 없었다. 서울에서는 농담 아니냐며 웃었고, 지방에서는 울 수도 없었다.

꼭 가덕도여야 하느냐? 당연히 아니다. 그래서 서울의 환경전문가들이 함께 부지를 찾아봤으면 좋겠다. 낙동강 근처는 철새도래지에 인접해 있다. 내륙은 가덕도보다 더 많은 산지를 깎아야 한다. 지리산이나 울산 인근의 경남 알프스로는 더더욱 갈 수 없다. 지방 사람들이 다들 개발에 환장해서 가덕도를 깎고 싶어 안달이 난 게 아니다. 가덕도를 깎을 바에야 공항이 없으면 어떠냐고 할 수 있다. 그것도 괜찮다. 그럼 대신 앞으로 지방에 대해 경쟁력이 없다는 둥, 지방대학이나 첨단기업이 어떻다는 둥, 스스로 노력을 안 한다는 둥 그런 이야기는 안 했으면 좋겠고, 기왕에 지방 사람들이 다 서울로 이주해서 5천만 명이 다 서울에 살았으면 좋겠다. 그 사회경제적 비용을 서울만 내라고도 안 할 테니까.

고향이 서울인 사람들

이 글을 읽는 독자라면 필자의 주장이 무조건 신공항을 짓자는 말이 아님을 이해할 것이다. 돌이야 던질 수 있지만, 일단 사정은 들어보자는 것이다. 과거 가난할 때 '먹고 죽으려고 해도 먹을 쥐약도 없더라'는 말이 있었다. 지방연구원에 근무하는 동안 그 말을 실감할 때가 많았다. 대학들에서 학과가 없어지고 청년들이 계속 빠져나가는 상황에서, 과연 어떤 지속 가능한 대안이 있는지 많은 사람이 고민했다.

그런데 분위기가 너무 냉소적이었다. 곰곰이 이유를 따져봤다. 여론 변화에 가장 큰 영향을 준 것은 아무래도 인구였다. 수도권 인구가 50%를 돌파했던 것이다. 수도권 국회의원 지역구는 지난 20여 년 만에 24개가 늘었다. 그만큼 지역은 줄었다. 정치, 경제, 언론에서 영향력을 행사하는 많은 사람이 이제 수도권 출생자다. 고향이 서울이다. 지방과 동남아는 둘 다 휴가 때 며칠 가는 곳이다. 서울 사람들은 지방 도시보다 인도네시아 발리나 베트남 다낭의 지리를 더 잘 안다. 대한민국의 지역 불균형은 임계점을 넘어섰다.

지방 소멸을 막지 않고 대한민국 소멸을 막을 수 있을까? 그런 방법이 있으면 좋겠다. 그런데 그 방법은 보이지 않는다. 우리는 흔히 인구증감 그래프만 본다. 하지만 인구이동 그래프는 어떻게 될까? 생산인구 이동은 어떻게 될까? 전체 인구가 줄면 수도권 인구도 줄까? 그 수도권의 인구구성 피라미드는 어떻게 될까? 그 수도권은 과연 지속 가능할까? 그럼 대한민국은?

4장

차별과 혐오

4장
차별과 혐오

1. 성차별과 혐오

(1) 성차별의 오해와 실제

한국에서는 그동안 성차별이 주로 여성에 대한 차별로 인식되어 왔으나, 최근 들어 논란이 되고 있는 것은 2030 남성들에 의해 제기되는 역차별 문제다. 이에 대해 한편에서는 여전히 여성에 대한 차별이 개선되지 않고 있다는 주장이 있고, 다른 한편에서는 이미 그러한 차별이 상당 부분이 변화했고, 역차별까지 일어나고 있다고 주장한다. 20대에서 양성평등에 대한 성별 인식 격차도 커서, 남성은 남녀가 평등하거나 오히려 남성이 불평등을 겪는다는 인식이 응답의 64.1%를 차지했지만, 여성은 81.9%가 여성이 불평등을 경험한다고 대답하였다.[9] 어떤 성이 더 차별받는가에 대한 인식 자체에서 상당한 차이가 있는 것이다.

---

9) 최유진 외, 2016, “2016년 양성평등 실태조사 분석 연구”, 여성가족부 연구보고 2016-96.

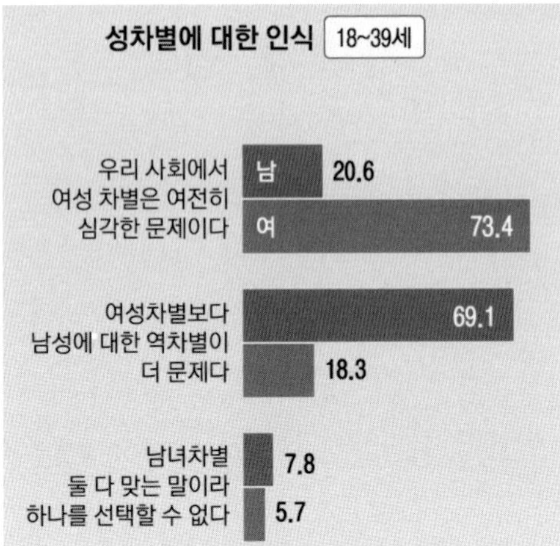

*자료: 〈서울신문〉, 2021 창간여론조사[10)]

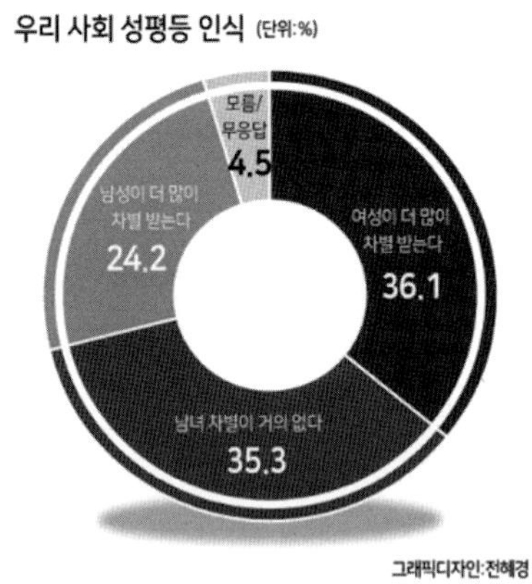

*자료: 〈헤럴드경제〉, "2022년 신년기획, 2030에게 물었다"[11)]

---

10) 〈서울신문〉, "MZ세대 여성 73% "성차별 여전" … 남성 69% "역차별이 더 문제", 2021. 7. 18.

11) 〈헤럴드경제〉, "2022년 신년기획, 2030에게 물었다", 2022. 1. 3.

한편에서 보면 성별에 대한 임금 격차는 여전히 줄지 않고 있다. OECD의 평균 성별 임금 격차가 12.5%인데, 한국의 성별 임금 격차는 여전히 가장 큰 31.5%다. 한국의 성별 임금 격차는 2018년 크게 감소하였음에도 불구하고 여전히 OECD 국가 가운데서는 최악인 수준이다. 다음으로 큰 일본이 22.5%, 미국은 17.7%, 캐나다는 16.1%이며, 영국은 12.3%, 스웨덴은 5.0%에 불과하다.

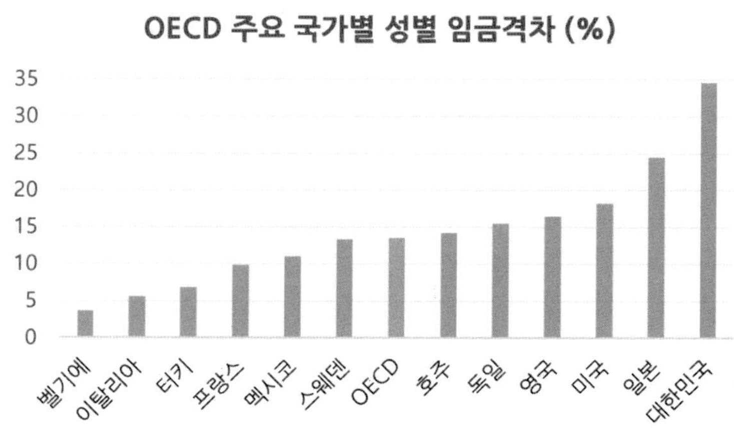

*자료: Gender Equality Korea, "국내 성별 임금격차 현황"

특히 35~44세의 성별 임금격차는 여성 경력 단절로 인해 20%를 웃도는 수준이며 6년 이상 근속자들 간 격차도 개선되지 않거나 확대되는 추이를 보인다. 경력 단절 외에도 인사 관리 전반에서 여성에게 동등한 승진이나 교육 기회를 제공하지 않아 발생한 장기적인 차이가 임금 격차의 원인이 되기도 하며, 기업 내 고질적인 성차별적 고용 관행이나

근무 환경, 성별 고정관념으로 인해 임금 격차가 발생하기도 한다.[12]

그런데 이러한 전체 연령에서의 임금 격차와 별도로 연령별 남녀 평균 연봉에서는 미세한 변화가 나타나고 있다. 특히 20~24세에서는 여성의 임금이 남성보다 높아진 현상이 실제로 최근 발생했다. 그렇다면 과연 경력 단절 이전 여성은 차별받지 않는 것인가?

연령별 남녀 평균 연봉(2020년 기준)

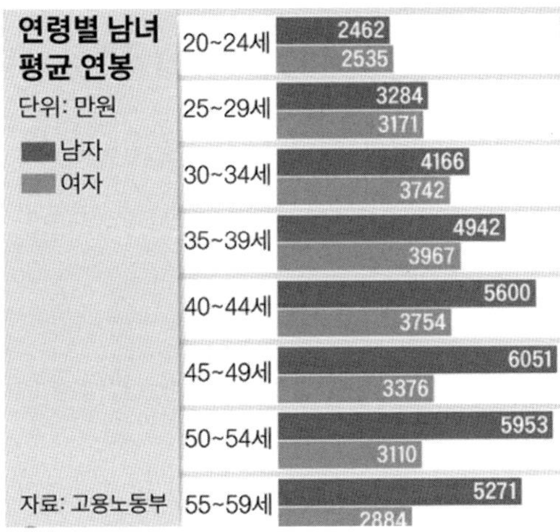

우리 사회에서는 경력 단절 이전 20대의 성별 노동시장 격차는 없거나, 있어도 미미한 것으로 인식된다. 20대에서는 여성의 소득이 오히려 더 높다는 언론보도도 빈번하며, 20대 후반 여성의 고용률이 동 연령대 남성의 고용률보다 높다는 것도 20대에서는 성별 노동시장 성과 격차가 없다는 근거로 인용된다. 실제로 20대 청년층에서 여성은 차별받

12) Gender Equality Korea, "국내 성별 임금격차 현황", 2020. 3. 11.

지 않고 남성과 동등하거나 혹은 그 이상의 노동시장 성과를 올리고 있는가?

한국에서 20대의 성별 소득격차를 연구할 때 한 가지 주의할 점은 연령 효과의 독특성이다. 대다수 남성이 20대에 군 의무 복무를 마치고 노동시장에 진입하기 때문에, 같은 연령대에서 여성의 경력이 남성보다 2~3년 많다. 일반적으로 소득과 연령의 관계는 뒤집어진 U자 형태를 그린다. 노동경력 초기에 경험의 누적에 따른 소득 증가율이 높고, 노동경력이 성숙하면 단위 경험 증가에 따른 소득 증가율이 노동경력 초기보다 낮아진다. 그렇기 때문에 노동경력 초기의 경력 증가에 따른 높은 소득 증가율을 제대로 통제하지 않고 성별 소득격차를 측정하면 여성의 경력 분을 차감하는 효과를 가진다. 그래서 기술통계를 이용한 20대의 성별 소득격차 측정을 신뢰하기 어렵다.13)

20대 청년층에서 성별 소득격차가 없다는 기술통계는 남성의 군복무로 인한 성별 경력 격차를 제대로 통제하지 않아 생긴 편의의 결과이다. 가족 배경이나, 성별에 따른 세부 전공 차이, 출신 대학의 순위 차이, 기타 다른 모든 인적 자원 변수를 통제해도 이 격차의 2.4%p밖에 설명하지 못한다. 같은 학교, 같은 학과, 같은 학점을 받아도 경력 초기 노동시장에서 여성의 소득은 남성보다 17.4% 낮다. 이러한 문제점은 법적 통제가 강한 정부와 교육 부문으로 노동시장을 한정하면 성별 소득격차는 2.6%로 크게 축소되고, 성별 소득격차가 거의 발견되지 않는다는 점에서 확인된다. 같은 조건의 남성 대비 여성 불이익은 엘리

13) 김창환 · 오병돈, 2019, “경력단절 이전 여성은 차별받지 않는가?: 대졸 20대 청년층의 졸업 직후 성별 소득격차 분석”, 『한국사회학』 53(1), pp.168-170.

트 대학 출신 여성이 비엘리트 대학 출신 여성보다 더 크게 겪는다. 2년제 대학 출신 여성의 소득 불이익은 16.9%지만 상위 10위권 출신 여성의 불이익은 21.7%에 이른다.[14] 이러한 연구 결과에 따르면, 한국에서는 학력이나 경력과 관계없이 여전히 전 세대에서 여성에 대한 임금차별이 나타나고 있는 것으로 확인된다.

20대 여성과 남성 임금 격차

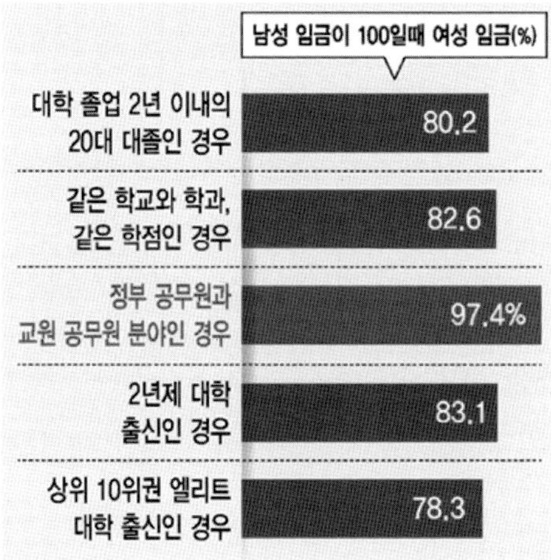

*자료: 김창환 · 오병돈, "경력단절 이전 여성은 차별받지 않는가?", 『한국사회학』, 2019.

문제는 이러한 객관적 지표와 관계없이 20대 남성들이 '군대'로 인한 시간적 공백에 대한 불만을 사회가 효과적으로 해결하지 못하고 있다는 사실이다. 군에 대한 우리 사회의 인식은 "썩다 오는 곳", "시간만 버리는 것", "위험한 곳" "사회로부터 격리된 섬 같은 곳" 등등 부정적인

14) 김창환 · 오병돈, 2019, 위의 책, pp.197-98.

것이 대부분이었다. 국위를 선양한 스포츠 선수 등에 대하여 병역의무를 면제해 주는 것이 큰 포상으로 여겨지는 상황이 되었다. 이렇게 군에 대한 지극히 부정적인 인식이 유지되는 한 군복무에 대한 보상심리를 제거하기는 어려울 것이고 그로 인하여 제대군인 지원에 대한 합리적이고 이성적인 논의도 간섭을 받게 될 것이다.[15] 그리고 이에 대한 국가적인 대책이 제대로 세워질 때, 젠더 문제를 둘러싼 사회적 갈등도 해결될 수 있을 것이다.

✍ 함께 읽고 토론하기

성차별 문제가 어떤 사회적 공론화, 담론화 과정과 제도적 보완 절차를 거쳐서 갈등을 줄이고 대화와 타협, 이해와 공존을 통해 해결될 수 있을지, 다음의 칼럼을 읽고 토론해보자.

15) 김선택, 2011, "군가산점제 재도입, 헌법적 · 정책적으로 타당한가? 군복무에 대한 합리적 지원방안의 필요성", 『공법연구』 40(2), pp.251-290.

▣ 이관후, “페미니즘 민주주의와 정치의 부재”, <한겨레신문>(2018. 5. 29.)

지난 5월 24일부터 헌법재판소가 낙태죄의 위헌 여부에 대한 공개변론을 시작했다. 이 사건은 촛불 이후 한국의 민주주의가 어디로 가고 있는지를 잘 보여주는 사례다.

우선 소송이 제기된 지 6년 만에 바로 이 시점에 헌법재판소가 공개변론을 시작했다는 점이 그렇다. 헌재 소장을 포함해 5명의 헌법재판관이 오는 9월에 퇴임하는데, 새로운 재판관들이 임명되면 이에 대한 논의를 처음부터 새로 시작해야 한다는 부담도 작용했을 것이다. 하지만 미뤄도 될 만한 사항이라고 생각되면 더 미뤄두어도 그만이다. 헌재가 공개변론을 시작해 9월 안에 결론을 내려는 이유는, 이 사안이 더 이상 미뤄둘 수 없는 어떤 것이라는 인식 때문이다.

무엇이 이 인식을 만들었을까? 그것은 물론 촛불과 미투다. 1987년 6월이 노동자 대투쟁으로 이어졌듯이, 촛불은 미투로 이어졌다. 그때 노동자가 민주주의였다면, 이제 페미니즘이 민주주의다. 민주주의는 언제나 당대의 가장 첨예한 갈등을 표출한다. 민주주의는 은폐된 갈등과 억압된 주체들이 공적 담론의 장으로 나올 수 있는 틈새를 열어준다. 그리고 그 좁은 틈새로 이내 엄청난 빛이 쏟아져 들어오게 되는 것이다.

문제는 이 담론을 다루는 방식이다. 지금 우리 사회에서 공적 담론이 가장 활발하게 논의되는 공간은 청와대 국민청원과 헌법재판소의 위헌 소송이다. 이 방식은 새로운 민주주의나 민주주의의 확장처럼 보이지만 실은 전혀 그렇지 않다. 그것은 한계가 분명한 과거 민주주의의 수단들이다.

1987년 민주화 이후 우리 정치에서는 '위임민주주의'와 '정치의 사법화' 경향이 두드러지게 나타났다. 국민의 힘으로 쟁취한 대통령 직선제는 한 개인을 정점으로 한 수직적 의사결정 구조에 민주적 정당성을 부여했다. 대선은 주권이 발휘되는 실질적 절차이기도 했지만, 동시에 영웅이 탄생하는 신화의 공간이기도 했다.

민주화 이후의 대통령들은 모두 시대정신을 상징하는 하나의 아이콘이 되었다. 국민들은 이 영웅들에게 정치를 위임하고, 환호하거나 절망하거나 추앙하거나 비난하는 대상으로 삼았다. 이 정치는 결코 바람직하지 못한데, 그 이유는 위임민주주의가 좋을 때는 한없이 좋다가 나쁠 때는 한없이 나쁘기 때문이 아니다. 위임민주주의는 본질적으로 민주주의가 아니기 때문이다.

정치의 사법화는 중요한 공적 결정을 정치가 내리지 못하거나 일부러 회피하고 그 책임과 권한을 법원에 의지하는 경향을 말한다. 이것을 다른 수단에 의한 정치라고 부르는 것은 기만이다. 그것은 정치의 부재를 의미한다. 물론 헌법은 추상적 가치를 담고 있기 때문에 언제나 그에 대한 해석과 적용이 필요하다. 그러나 핵심적 가치의 확립과 변화는 원칙적으로 주권에 의해 이루어져야 한다.

우리의 주권은 법원이 아니라 선거로 선출된 대통령과 국회에 의해 대표된다. 그중에서도 입법부가 주권을 담지하는 기관이다. 그 권한을 선출되지 않은 법원이 대신할 수는 없다. 사법적 개입은 헌법에서 보장한 인권이 다수에 의해 보호받지 못할 경우에 구제할 수 있는 임시방편이지 일반적인 민주주의의 방식이 아니다.

공적 담론이 다루어야 할 내용은 바뀌었는데, 형식은 달라지지 않았다. 그래서는 새로운 민주주의라고 할 수 없다. 청와대와 헌법재판소에 호소하는 방식으로만 문제가 해결될 수 있다면, 촛불이 혁명이 아니라 거대한 청원운동에 지나지 않았다는 비판을 인정하게 되는 꼴이다. 촛불이 무엇이었는가는 아직 결정되지 않았다. 그것은 우리가 미투를, 페미니즘을 어떻게 다룰 것인지에 달려 있다.

(2) 여성혐오와 젠더폭력

여성혐오는 '여성을 여성이기 때문에 증오하는 문화적 태도로, 혐오, 증오, 적대, 사소화, 폭력, 성적 대상화 등 다양한 방식으로 나타나는 것'으로 정의될 수 있다. 여성혐오는 피해자에게 심리적 불안감을 가중시키고 성차별적 인지를 통한 일련의 폭력행위다. 이러한 여성혐오는 성차별(sexism)에 대한 일련의 극단적 혐오표현(hatred speech)으로 볼 수 있으며, 여성에 대한 증오와 혐오 등의 감정이 내포되어 있다. 메갈리아(메갈), 일간베스트(일베) 등이 대표적인 사례로 볼 수 있는데, 인터넷을 통한 여성혐오는 상당히 만연해 있다. 한국언론진흥재단이 2016년 실시한 조사 자료에 따르면, 혐오표현을 접하는 가장 주된 경로는 인터넷(모바일 인터넷 포함)이 65.8%, 대중매체(신문, 방송 등)가 16.5% 그리고 사회생활 공간(직장, 학교 등)이 7.2%, 친구 및 선후배와의 사적 모임 3.8%로 인터넷을 통한 혐오표현에 대한 노출이 가장 높은 것으로 나타났다.[16]

이러한 온라인상의 여성혐오는 단순히 표현의 문제를 넘어서, 현실에

16) 박건우, 2019, "한국의 여성혐오에 관한 실증적 연구", 『사회과학연구』 27(1), pp.72-74.

서 여성의 삶과 안전을 위협하는 물리적 사건들로 나타난다. 이러한 혐오는 세 가지 차원에서 사회적 해악을 일으킨다. 첫째, 개인 피해자에 대한 직접적인 피해, 둘째, 피해자가 속한 그룹 구성원 전체에 대한 간접적인 피해, 셋째, 전체 사회에 끼치는 해로운 결과다.[17] 예를 들어, 2016년 5월 17일, 발생한 강남역 살인사건은, 서로 일면식이 없는 상태, 곧 사건 발생 이전에 갈등상황은 물론 어떠한 접촉도 없었음에도 살인이라는 참혹한 사건이 일어났다는 점에서 심각한 문제를 일으켰다. 이 사건은 위에서 살펴본 3가지 사회적 해악에 모두 해당되는데, 피해 당사자와 피해자가 속한 그룹인 젊은 여성에 대한 피해, 그리고 사회 전체에는 '묻지마 살인'이라는 범죄의 확산이라는 측면에서 심각한 문제였다.[18] 이러한 묻지마 살인의 원인으로 정신질환을 제시하는 것은 일관성의 측면에서 문제가 된다. 자신보다 약한 상대를 범행대상으로 고르는 것, 곧 여성을 성별한 합리성은 가해자가 판단능력을 상실한 정신질환자라는 결론을 부정하게 되기 때문이다.[19]

젠더폭력의 특징 중 하나는 뚜렷한 동기가 없음에도 과도한 폭력이 사용된다는 것이다. 강남역 살인사건처럼 범행동기를 찾기 어렵고, 피해자가 범죄를 유발하지 않았다는 점이 혐오범죄의 주요한 근거 요인이다. 이처럼 의도가 불분명하고 극단적인 폭력이 가해지는 혐오범죄 성향이 젠더폭력에 존재한다. 여성에 대한 극단적 적개심과 분노는 남성 정체성과 연관되어 설명되고 있다. 이것은 '여성이 아닌 것'을 근거로

17) 허민숙, 2017, "젠더폭력과 혐오범죄: 여성에 대한 폭력은 혐오범죄인가? 논쟁을 중심으로", 『여성학』 33(2). p.81.
18) 김수아 · 이예슬, 2017, "온라인 커뮤니티와 남성-약자 서사 구축: '여성혐오' 및 성차별 사건 관련 게시판 토론의 담론 분석을 중심으로", 『여성학』 33(3), p.68.
19) 허민숙, 2017, 위의 책, p.93.

자신들의 공통점을 설정하고 이것을 우월한 것으로 규정하며, 여성성을 경멸하게 되는 심리적 기제를 말한다. 이러한 남성성을 확인받는 과정에서 폭력이 수반되는 이유는, 다른 남성들에게 그것을 인정받기 위한 욕구를 분출하기 때문이다.[20]

이러한 남성성은 능력주의와도 관련이 있다. 능력주의 이데올로기가 강한 사회에서는 일반적으로 약자에 대한 혐오가 정당화되는 경향이 있으며, 이러한 혐오는 여성이라는 집단에 대해서도 정당화된다. 사실 이러한 남성성의 폭력적 표출은 가부장적 권위주의가 약화되고 남성의 노동이 우월한 시민권을 획득하기 어려운 시기에, 사회적 약자가 된 남성들이 자신들의 약자성을 받아들이지 않기 위해서 공격성을 남성성의 매개로 삼으면서 나타나는 현상으로도 볼 수 있다.[21]

✍ 함께 읽고 토론하기

능력주의와 공정 담론, 혐오 정서의 관계에 대해 다음의 두 칼럼을 읽고 토론해보자.

20) 허민숙, 2017, 위의 책, p.92.
21) 김수아 · 이예슬, 2017, "온라인 커뮤니티와 남성-약자 서사 구축: '여성혐오' 및 성차별 사건 관련 게시판 토론의 담론 분석을 중심으로", 『여성학』 33(3), p.74.

▣ **이관후, “[세상 읽기] 아무도 이 지옥을 나갈 수 없다”, <한겨레신문>(2018. 7. 24.)**

4,526일 만에 ‘케이티엑스’(KTX) 승무원들의 복직이 결정되었다. 정리해고 12년, 법정투쟁 10년 만이다. 1심과 2심은 이들의 복직이 옳다고 판결했지만, 양승태의 대법원은 반대로 판결했다. 2심 판결로 받은 임금에 이자까지 1억 원을 갑자기 반납해야 하자, 3살 딸을 둔 엄마가 극단적 선택을 하기도 했다. 12년을 싸웠고, 사람이 죽었다. 그리고 마침내 정당한 권리를 찾았다. 여기에 누가 무슨 말을 할 수 있으랴.

그런데 누가 무슨 말을 한다. “누구는 수백 대 일의 경쟁을 뚫기 위해 아등바등하는데, 길거리에서 데모나 하던 사람들이 무슨 능력이 있다고 뽑느냐”, “비정규직도 들어가기 힘든데 떼쓰면 정규직 되니, 나도 취업 공부 때려치우고 데모나 하겠다.” 극우보수가 아니다. 댓글에는 20~30대의 분노가 가득하다.

광주, 세월호, 구의역, 삼성반도체, 미래라이프대학, 정유라, 인천공항공사, 강원랜드, 쌍용차, 최저임금, 케이티엑스 승무원, 공시족. 이 모든 것은 연결되어 있다. 그리고 이것들은 지금 한국이 처한 곳이 어딘지 보여준다. 어떤 이들은 광주에 대해, 세월호에 대해, 삼성반도체에 대해, 쌍용차에 대해, 케이티엑스 승무원에 대해 ‘관 장사’라는 말도 서슴지 않는다. 누군가는 이들의 철없음을 지적하고 말겠지만, 거기서 멈춘다면 당신도 이 세상을 만든 사람 중 하나다.

용납될 수 없는 일이 대명천지에 벌어진다면 거기에는 그럴 만한 이유가 있다. 돈의 가치가 최고인 세상에서 결국 돈만 벌게 된다면 그건 좋은 게 아니겠느냐는 논리를 만든 자들은 누구인가? 누군가의 죽음을 대가로 출세하고, 돈을 벌고, 권력을 획득하고, 유지하는 자들은 지금도 도처에 있다. 그리고 우리는 아닌가?

이 죽음에는 무한경쟁에 내던져진 우리 아이들이 포함된다. 시험지옥을 통과한 학생들은 그 과정 없이 같은 대학생이 되는 누군가를 용납하기 어려웠고, 그들에게 정유라는 '부모 잘 만난 것도 실력'이라고 말했다. 이 죽음에는 몇 년째 공무원 시험에 실패하자 부모님 뵐 낯이 없다며 자살을 선택한 청년들이 포함된다. 지금도 공시족의 70%가 자살을 생각하는 위험군이다.

취업지옥에서 정규직이 되지 못한 누군가는 컵라면을 가방에 넣고 스크린도어를 고치러 가서 죽었다. 살아남은 자들을 정규직화하려 하자 취업지옥을 통과한 자들이 공정하지 못하다며 반대한다. 형편이 어렵거나 공부 못한 것들은 발암물질을 다루다 죽어도 할 말이 없다고 여기고, 정규직 노조는 자녀들의 취업을 단협 조건으로 내건다. 로스쿨과 은행에서 부모 배경을 보고 뽑는 세상에서, 취업이 어려운 지역 젊은이를 겨우 말단직에 좀 넣은 게 무슨 잘못이냐고 강원랜드는 항변한다. 그리고 마침내 최저임금을 놓고, 갈 곳 없는 알바들과 한계 자영업자들이 퇴로 없는 전쟁에 돌입했다.

대통령은 정의를 놓고 진보와 보수가 경쟁하자고 했다. 국무총리는 을과 을의 싸움이 되어서는 안 된다고 했다. 그렇다면 말이다, 그 해결책이 소득주도성장인지 혁신성장인지 모르겠으나, 그 전에 이 무저갱이 왜 생겨났는지부터 말해 달라. 세상이 지옥이다. 누군가는 이 지옥에 빠진 사람들에게 우선 미안하다고 해야 하지 않는가. 그래야 같이 손을

잡고 나가지 않겠는가. 일자리가 많아지면 해결될 문제가 아니라, 무엇이 공정이고 정의인지부터 말해야 한다. 그러지 않으면 아무도 이 지옥을 나갈 수 없다.

▣ 이관후, "[세상 읽기] 시험은 공정하지도 정의롭지도 않다", <한겨레신문>(2018. 11. 20.)

수능이란 무엇인가? 그렇게 물으라 하지 않겠다. 그렇게 묻기에 당신들은 너무 힘들고 지쳤다. 아프니까 청춘이다. 그렇게 위로하지도 않겠다. 청춘이 아파야 할 이유가 없고, 청춘만이 아파야 할 이유도 없다. 수능은 아무것도 아니라고 하지도 않겠다. 어떻게 지금의 세상에서 수능이, 입시가, 대학이 아무것도 아니라고 하겠는가. 지금까지 시험공부에만 매달렸으니, 앞으로는 삶을 풍요롭게 하는 공부를 찾아보라 하지도 않겠다. 경쟁은 지속될 것이고, 새벽부터 밤까지 지쳐 돌아올 당신들에게 새로운 공부를 요구할 수는 없다. 우리 대부분은 과로사하거나 아사하거나 치킨집을 하게 될 것이다. 그러니 시험 뒷담화나 하자.

정신과 전문의가 들려준 이야기다. 본과 첫해에 과장님이 인사말을 하면서 물었다고 한다. "여러분, 좋은 배우자를 얻는 비결이 무엇인지 압니까?" "아! 정신과에 오면 이런 보너스도 있구나." 생각했다고 한다. 과장님이 답을 알려주셨다. "운이 좋아야 합니다." 시험도 마찬가지다. 우선 머리가 좋아야 한다. 그런데 그 머리는 내가 결정한 것 아니다. 노력하면 된다고 하는데 그렇지 않다. 누구는 1시간만 해도 되는 걸

나는 3시간 해야 따라갈 수 있다면 시스템이 잘못된 것이지 왜 노력을 덜 했다고 타박하느냐 말이다. 게다가 입시철이 되면 모두 전력투구해 버리는데 그걸 노력으로 극복하는 게 별로 가능하지도 않다. 사실 노력이라는 것도 어느 정도 타고나는 것이다. 책상에 앉아서 문제풀이를 오랫동안 할 수 있는 것도 타고난 기질에 따라 좌우되는 것이지 어떻게 억지로 되는 것이겠는가. 억지로 앉아 있은들 효율이 오를 리도 만무하다. 머리를 따라잡을 수 있는 노력이 아예 없는 것은 아닌데, 그 노력은 '내'가 하는 것이 아니다. 대부분은 '부모나 조부모'의 노력이다.

한국은 아마도 전 세계에서 거의 유일하게 시험으로 모든 것을 평가하는 나라일 것이다. 많은 사람이 이 제도를 능력주의, 메리토크라시(meritocracy)라고 하는데, 아니다. 1958년 영국의 사회학자 마이클 영이 능력에 따라 불평등이 심화되는 암울한 미래를 설명하기 위해 이 용어를 썼을 때, 그 메리트는 그래도 꽤 넓은 의미의 능력이었다. 한국에서는 그렇지 않다. 우리에게는 오로지 단 하나의 능력만이 필요하다. 요령을 터득하여 짧은 시간에 많은 문제를 푸는 능력이다. 이것은 메리토크라시가 아니라 시험주의, 곧 테스토크라시(testocracy)다.

시험이란 제도는 공정하지도 않지만, 설령 그것이 공정하다고 한들 최악의 제도임에는 틀림없다. 그것은 극도의 긴장과 경쟁 속에서 인간성을 파괴할 뿐 아니라, 그 결과를 통해 한 사람의 능력에 대해 알 수 있는 것도 거의 없으며, 잘해야 가장 운이 좋은 인간들에게 더 큰 운을 가져다줄 뿐이다. 심지어 이 과정을 통해 운을 자신의 능력이나 권력으로 착각하게 되면 재판거래 같은 것이 생겨난다.

볼테르 같은 계몽주의자들조차 시민권이 지식, 재산, 교육의 정도에 따라 분배되어야 한다고 생각했을 때, 루소는 이에 결연히 반대했다. 좋은 시민이 되는 데 필요한 것은 진실함, 소박함, 불의에 대한 용기, 동료애라고 말이다. 국어 31번 문제를 풀 수 있는 능력과 좋은 시민이 되는 것 사이에는 아무런 관계가 없다는 뜻이다. 그렇다면 시험으로 판사와 공무원을 뽑아야 할 이유가 없다. 그럼 뭐로 뽑을 거냐고? 그 답을 회피해서 세상이 이 꼴이다. 그 대안을 찾기 전까지, 우리 사회는 결코 개혁되지 않을 것이라고 나는 확신한다.

2. 소수자 차별과 혐오

(1) 사회적 소수자(social minority)

사회적 소수자란 성, 나이, 인종, 사상, 경제력, 성적 취향 등에서 지배적이라고 일컬어지는 기준이나 가치를 달리한다는 이유로 차별의 대상이 되는 사람들을 가리킨다. 특정 인구 집단이 소수자로 규정되는 데에는 일반적으로 다음 네 가지 조건이 언급된다.[22]

① 식별가능성: 신체적 · 문화적 특징에 의해 다른 집단과 구별되는 뚜렷한 차이가 나타나는 것

② 권력의 열세: 사회적 지위, 정치권력 등 다양한 측면에서 실질적인 차이가 있거나 혹은 여러 가지 자원을 동원할 수 있는 능력에서 차이가 나는 것

22) 김상학, 2004, “소수자 집단에 대한 태도와 사회적 거리감”, 『사회연구』 5(1), pp.169-206.

③ 차별적 대우: 어떤 개인이 단지 그 집단의 성원이라는 이유만으로 사회적 차별의 대상이 되는 상황
④ 집단의식: 소수자들이 하나의 집단으로 분류될 수 있다는 관념

그렇다면 소수자는 왜 문제가 되는가? 그것은 우리 사회가 '다양성(diversity)'을 중요한 가치로 인정하고 있기 때문이다. 다양성은 현대사회를 구성하고 있는 자유와 민주주의라는 두 가지 핵심 가치의 사회적 표현이다. 다양성이 전제되지 않은 자유와 민주주의는 존재할 수 없으며, 그것은 한 사회가 개인의 자유와 민주적 의사결정의 제도적 · 문화적 토대를 얼마나 잘 갖추고 있는지를 보여주는 핵심적인 지표가 된다.

주류사회로부터 배제된 개인 또는 집단을 의미하는 사회적 소수자는 우리 사회를 보다 평등하고 민주적으로 만들기 위해 필수적으로 고려해야 하는 이들이다. 대표적인 소수자로는 신체적으로 취약한 장애인, 결손 가정 자녀, 국내로 이주한 외국인 이민자 및 노동자, 이성애에 국한되지 않는 성적 소수자가 있다. 최근에는 북한이탈주민이나 전과자 등도 소수자에 포함되고 있다. 국내에서는 2001년 국가인권위원회법이 제정되고 국가인권위원회가 출범하면서 사회적 소수자의 차별을 막고 이들을 포용하기 위한 논의가 활발해졌다. 그리고 이러한 흐름에 맞춰 사회적 소수자에 대한 인식도 점진적으로 개선되어 왔다. 2007년부터 사회적 소수자에 대한 포괄적 차별을 금지하는 '차별금지법'을 입법하려는 노력도 이어지고 있다. 하지만 이러한 노력에도 불구하고 사회적 소수자의 특수성이 고려되지 않고, 사회적 인식 개선이 미비한 사회적 소수자가 발생하게 되었다.[23)]

한국 사회에서는 소수자별로 사회에서 이해받고 포용되는 정도가 달리 나타난다고 할 수 있다. 사실 소수자들은 같은 수준으로 차별받고 배제받지 않으며, 각자의 차이와 특성에 따라 주류사회에서 받아들여지거나 배척되는 정도에 차이가 있다. 특히 성적 소수자에 대한 차별이 심하다. 또 우리 주변의 일상생활에서 전통적인 소수자로 인식되는 장애인 및 빈곤층에 대한 온정어린 지원을 쉽게 볼 수 있지만, 외국인 노동자나 성적 소수자에 대해서는 차가운 외면이나 혐오 표현도 흔하게 볼 수 있다. 이는 우리 사회가 소수자에게 비대칭적 태도를 보인다는 것을 의미한다. 다시 말해 소수자의 특성에 따라 이들을 차별적으로 대하는 인식 틀이 작동하고 있는 것이다.[24)]

(2) 소수자와 혐오

혐오 표현은 소수자 집단에 대한 혐오에 근거한다. 혐오는 일시적·개인적 감정이 아니라, 소수자 집단에 대한 극단적으로 부정적 관념이나 감정을 뜻하는 것으로서, 특정한 이데올로기에 기반을 두고 있다. 이 이데올로기에는 인종주의, 호모포비아, 제노포비아, 자민족 중심주의, 반유대주의, 백인우월주의, 성차별주의 등이 포함된다. 혐오 표현의 대상은 소수자와 일반 시민이다. 우선 직접적인 대상은 소수자이며, 소수자 집단 자체를 대상으로 할 수도 있고, 소수자 집단의 개별 구성원들이 대상이 될 수도 있다. 여기서 소수자나 소수자 집단(minority group)

23) 정현일, 2023, "한국 사회의 사회적 소수자에 대한 인식 및 태도 유형", 『사회사상과 문화』 26(3) p.291.
24) 정현일, 2023, 위의 책, p.292.

은 숫자나 실질적인 정치적 · 사회적 권력이 열세이면서 공통의 정체성을 가진 집단을 뜻한다.[25)]

소수자 혐오는 왜 나쁜가? 혐오 표현이 한 사회의 동등한 구성원으로서의 존엄한 삶을 파괴하고, 다양한 정체성을 가진 구성원들이 함께 살아가야 한다는 '공공선'(public good)을 붕괴시키기 때문이다. 혐오 표현에 노출된 소수자들은 편견, 공포, 모욕감, 긴장, 자신감 · 자존감 상실, 자책 등으로 고통받고, 심지어 자살로 이어지는 경우까지 있다. 이러한 정신적 고통은 소수자들을 사회에서 배제하고 침묵을 강요함으로써, 학교나 직장 등에서 자기계발 및 사회참여를 어렵게 만든다는 점에서 더욱 해악이 크다. 차별적 편견이 경제적 궁핍, 사회불만 등과 결합되어 사회문제들을 소수자에게 전가하고 희생양을 만들기도 하고, 혐오 이데올로기가 후대에 전승될 경우, 문제는 역사적으로 지속되고 변형되어 더욱 강력한 혐오를 만들어 낼 수도 있다. 요컨대, 혐오는 소수자들의 정상적인 삶을 파괴하는 '영혼의 살인'인 셈이다.[26)]

✍ 함께 생각해 보세요

○ 연구논문을 비교하여 읽고 토론하기

다음 3개의 논문은 2004년, 2019년, 2023년에 발표된 연구들입니다. 이 연구들을 비교하되 다음의 2가지를 중심으로 살펴보세요.

1. 시대별 · 조사대상별 소수자에 대한 어떠한 차이가 나타나는가?
2. 연구들이 시대에 따라 어떤 조사방법과 관점에서 발전이 있는가?

---

25) 홍성수, 2015, "혐오표현의 규제: 표현의 자유와 소수자 보호를 위한 규제대안의 모색", 『법과사회』(50), p.289.

26) 홍성수, 2015, 위의 책, p.293.

○ **연구논문**

1. 김상학, 2004, "소수자 집단에 대한 태도와 사회적 거리감", 『사회연구』 5(1), pp.169-206.
2. 이정민 · 이동영, 2019, "대학생이 인식한 소수자에 대한 사회적 거리감 비교연구", 『한국장애인복지학』 43(43), pp.61-98.
3. 정현일, 2023, "한국 사회의 사회적 소수자에 대한 인식 및 태도 유형", 『사회사상과 문화』 26(3) pp.289-330.

○ **〈논문 1〉**

다음은 2002년에 대학생들의 소수자들에 대한 태도를 조사하여 확인한 결과이다. 이 조사는 서울에서 서울 · 경기 지역에서 4곳, 강원도, 충청도, 전라도, 경상도에서 각각 1곳씩 총 8곳의 대학생 1,005명을 대상으로 조사한 결과와 이 연구의 결론이다.

구분	부정적 고정관념	평균점수	합계
북한이탈주민	다른 사람에게 피해를 준다	2.69	9.49
	지나친 보상을 기대한다	3.47	
	신뢰하기 어렵다	3.33	
장애인	다른 사람에게 피해를 준다	2.10	8.54
	의존적이다	2.75	
	열등감이 강하다	3.69	
외국인노동자	다른 사람에게 피해를 준다	2.46	6.79
	무능력하다	2.16	
	게으르다	2.17	
동성애자	다른 사람에게 피해를 준다	2.87	9.80
	비정상적인 사람이다	3.77	
	부도덕하다	3.16	

"장애인에 대한 우호적인 감정은 그들 대부분이 자신의 의지와 무관하게 정신적 · 신체적 장애라고 하는 사회적인 불리함을 갖게 되었다는 점에 관련이 있다. 그러나 장애인에 대한 부정적 고정관념이 여전하고 현실적인 차별이 크게 변하지 않고 있다는 점을 감안했을 때, 이와 같은 태도는 심정적 차원에서의 동정심과 크게 다를 바가 없다.

북한이탈주민과 외국인노동자의 경우, 기본적으로 그들이 한국 사회에 진입하게 된 배경 자체가 그들 자신의 의지와 선택이기 때문에 장애인에 대해서와 같은 온정적 태도가 드러나지 않는다는 공통점이 있다. 그러나 그들에 대한 고정관념과 감정은 두 집단이 존재하게 된 사회적인 맥락과 조건에 따라 서로 구분된다. 북한이탈주민의 경우, 이들의 증가가 남한 사회의 경제적 부담 증대와 같은 현실적인 문제를 초래할 수 있다는 점에서 인지적 차원의 부정적인 평가가 확산되고 있다. 그러나 이들에 대한 감정적 평가는 타 민족 혹은 타 인종에 대한 그것과 여전히 구분되는데 여기에는 '우리 집단(we-group)', 같은 민족이라는 뿌리 깊은 동류의식이 자리 잡고 있다고 할 수 있다.

외국인노동자에 대해서는 이들 대부분이 국내 노동자들이 기피하는 업종에 취업하고 있을 뿐만 아니라 전체적인 경제 발전에 기여하고 있다는 점 때문에 인지적 차원에서의 평가는 그다지 부정적이지 않다. 외국인노동자에 대한 부정적 고정관념이 강하게 존재하지 않는다는 사실은 그들과 국내 노동자들 사이의 관계가 대립적이기보다는 상호보완적인 위치라는 점과도 깊은 관련이 있다. 그러나 외국인노동자에 대한 막연한 두려움과 부정적 감정이 그들과의 사회적 거리감을 멀게 만드는 요인이라는 사실은 타 인종, 타민족에 대한 한국 사회의 배타적인 속성을 단적으로 보여준다고 할 수 있다.

동성애자에 대한 대학생들의 태도는 '인식과 감정의 부조화'라는 말로 요약된다. 즉 동성애 자체를 부도덕한 것이라고 생각하지는 않지만 동성애자에 대해선 가까이하기 어려운 매우 특별한 사람으로 느낀다는 것이다. 결과적으로 이와 같은 태도는 동성애자의 인권 보호와 같은 현실적인 문제가 제기되었을 때, 그들에 대한 차별이 부당하다는 원칙적인 동조에도 불구하고 문제 해결을 위한 직접적인 참여를 꺼리게 되는 원인으로 작용한다."(김상학, 2004.)

ㅇ 〈논문 2〉

다음은 2019년에 전국 22개 학교에 재학 중인 30명씩의 대학생 총 660명(22개 학교×30명의 대학생)을 대상으로 조사한 결과의 결론이다.

"첫째, 조사대상 대학생들이 평가한 소수자의 사회적 거리감 수준은 전체 평균을 비롯하여 개별 소수자 집단에서 모두 중간값(3점) 이상의 높은 수준임이 확인되었다(전체 평균 3.92). 특히 장애인의 사회적 거리감이 4.45로 나타나 상대적으로 가장 높았는데, 사회적 거리감이 높은 순으로 장애인, 동성애자, 다문화인이었다. 이는 김상학(2004)의 연구와는 다소 차이를 보이는 결과로, 그는 동성애자, 외국인 노동자, 북한 이탈 주민, 장애인의 순서로 결과산출을 언급하였다.

한편, 본 연구에서는 사회적 거리감의 하위요소 중 신체적 거리감이 장애인과 동성애자에서 관계적 거리감보다 높게 확인되었지만, 다문화인에서는 관계적 거리감이 신체적 거리감에 비해 다소 높게 관측되어 약간의 차이를 나타내었다. … 모든 소수자 집단의 사회적 거리감 영향요인검증(다층분석)에서 학교 효과가 통계적으로 유의미하고, 약 30% 안팎의 설명력을 갖고 있음이 확인되었다. 특히 장애인의 경우 학교 효과가 약간의 차이이긴 하지만 다른 소수자 집단에 비해 상대적으로 높음을 확인할 수 있었다.

이상의 분석 결과를 바탕으로 이러한 결과의 의미와 실천적 제언을 논의하면 다음과 같다. 사회적 소수자에 대한 부정적 태도가 여전함을 확인하였음에 소수자 집단 전체에 대한 접근 노력이 요구된다. 척도상 태도 수준은 중간값 이상으로 부정적이고, 소수자 집단별 일정한 차이가 있으며, 이에 학교의 역할이 중요할 수 있음을 확인한 것을 바탕으로 태도 개선을 위한 체계적 전략화 마련이 요구된다 하겠다."(이정민 · 이동영, 2019.)

ㅇ 〈논문 3〉

다음은 한국행정연구원(2022)에서 조사한 '2021년 사회통합실태조사' 자료를 활용한 조사의 결론이다. 사회통합실태자료의 조사대상자는 만 19세 이상의 일반 국민 8,000명이며, 조사는 2021년 9월부터 10월 31일까지 진행되었다. 사회통합실태조사의 'Ⅷ. 관용성(사회적 포용)' 부문 '집단 구성원별 포용 정도' 문항은 장애인, 결손가정자녀, 외국인 이민자 및 노동자, 전과자, 성적 소수자, 북한이탈주민에 대한 포용 정도를 묻는다. 이들 문항을 활용하여 한국 사회가 소수자를 어떻게 인식하고 유형화하는지, 나아가 소수자에 대해 포용적 태도를 보이는 군집과 배제적 태도를 보이는 군집을 유형화하였다.

"소수자에 대한 인식 유형을 확인하기 위해 요인 분석과 신뢰도 분석을 시행한 결과, 소수자는 '취약자(장애인, 결손 가정 자녀)', '규범 위반자(전과자, 성적 소수자)', '이방인(외국인 이민자 및 노동자, 북한이탈주민)'으로 유형화되고 있었다. 둘째, 소수자 태도 유형을 확인하기 위해 소수자 인식 유형에 대한 군집 분석과 판별 분석을 시행한 결과, 모든 소수자에게 배제적인 태도를 보이는 '배제형' 태도, 규범 위반자에 대해서만 배제적 태도를 보이는 '규범준수형' 태도, 모든 소수자에게 포용적 태도를 보이는 '포용형' 태도 유형이 도출되었다. 마지막으로 성별, 직업, 연령, 학력, 가구소득에 따른 태도 유형의 차이가 확인되었지만, 거주지역에 따른 차이는 확인되지 않았다. 또한 사회적 지위, 경제상황 만족도, 정책 지향, 가치관을 묻는 문항에서 각 태도 유형은 통계적으로 유의미한 차이를 보여주었다. 이때 포용형 태도는 대체로 낮은 연령, 고학력, 고소득자에 가까웠고 자신의 사회적 지위와 경제 상황에서 낙관적인 입장을 가지면서 증세, 복지, 분배, 외국인 거주를 찬성하고 개인의 가치를 중시하고 있었다. 이로부터 다음과 같은 논의를 제시할 수 있다.

첫째, 소수자에 대한 세 가지 인식 유형은 한국 사회에서 소수자가 어떻게 인식되고 표상되는지를 보여준다고 할 수 있다. 먼저 장애인과 결손 가정 자녀는 우리 사회가 전통적으로 생각하는 취약계층에 속하는 이들로 인식되고 있었다. 외국인 이민자 및 노동자와 북한이탈주민은 한국 사회를 찾아온 이방인으로 인식되고 있었는데, 한민족에 속하는 북한 이탈주민이 이질적인 이방인으로 인식되고 있는 것에 주목할 수 있었다. 성적 소수자는 전과자와 같은 규범위반자 유형으로 인식되고 있는 점에 주목할 수 있는데, 이는 이성애에서 벗어난 성적 정체성을 띤다는 것이 곧 범법 행위와 같은 수준으로 인식되고 있음을 드러낸다. 이러한 분석 결과는 선행연구에서 확인한 내용들, 즉 한국 사회에서는 성적 소수자에 대한 강한 배제적 태도가 작동한다는 내용을 지지한다. 특히 성적 소수자가 범법자와 같은 집단으로 인식되고 있다는 점은 소수자를 배제하는 인식 틀이 어떻게 작동하고 정당화되는지를 짐작할 수 있게 한다.

둘째, 소수자 태도 유형을 구성하는 비중을 볼 때, 배제형 태도는 전체 집단의 39.1%, 규범 준수형 태도는 42.7%, 포용형 태도는 18.2%를 차지하는 것으로 나타났다. 규범 위반자에 대한 배제적 태도를 보이는 규범 준수형과 모든 집단에 배제적 태도를 보이는 배제형 태도를 합친 비중은 약 82%에 달했다. 따라서 한국 사회가 소수자에 대해 배제적인 태도를 보이는 경향이 많으며, 특히 규범 위반자에 대한 배제가 심각할 것이라는 점을 알 수 있다. 이는 소수자 그리고 규범 위반자에 대한 사회적 배제가 뿌리 깊으며, 사회적 장벽 역시 높다는 것을 의미한다.

마지막으로 포용형 태도를 보이는 이들이 새로운 개인주의자의 상을 보여준다는 점에 주목할 수 있다. 이들은 고소득, 고학력에 가까우면서 자신의 사회적 지위를 높이 평가하고 있었다. 그럼에도 자신의 계층적 이해에 반하는 저소득층 복지를 위한 증세와 분배 정책에 찬성하는 비중이 다른 태도 유형에 비해 높았다. 또한 외국인을 대한민국 국민으로 수용하는 데 적극적인 자세를 취하면서 개방적인 모습을 보여주었으며, 공동체의 이익보다는 개인의 이익이 더 중요하다고 생각하고 있었다. 이는 포용형 태도를 보이는 이들이 복지의 당위성을 인정하면서 집단보다는 개인의 보편적 인권을 존중한다는 것을 보여준다. 이처럼 포용형 태도를 보이는 이들은 전통적인 공동체주의자, 박애주의자, 집단주의자와 구별되는 새로운 개인주의자의 상을 보여주고 있으며, 개인의 가치가 우선시되는 사회, 자유로운 개인들이 연대하는 사회를 지향한다고 할 수 있다.

소수자에 대한 포용적 태도를 높이기 위해 소수자를 이해할 수 있는 환경과 정보를 사회에 제공하는 것도 필요하다. 소수자를 이해할 수 있는 환경이 제한되면 이들에 대해 왜곡된 정보와 배제적 태도를 가질 수 있다. 따라서 소수자에 대한 적절한 수준의 '접촉'과 함께 정보 접근성과 교육을 강화하여 소수자에 대한 부정적 태도를 긍정적 태도로 전환할 계기를 마련해야 한다."(정현일, 2023.)

참고문헌

연구논문

김상학, 2004, “소수자 집단에 대한 태도와 사회적 거리감”, 『사회연구』 5(1).

김선택, 2011, “군가산점제 재도입, 헌법적 · 정책적으로 타당한가? 군복무에 대한 합리적 지원방안의 필요성”, 『공법연구』 40(2).

김수아 · 이예슬, 2017, “온라인 커뮤니티와 남성-약자 서사 구축: ‘여성혐오’ 및 성차별 사건 관련 게시판 토론의 담론 분석을 중심으로”, 『여성학』 33(3).

김창환 · 오병돈, 2019, “경력단절 이전 여성은 차별받지 않는가?: 대졸 20대 청년층의 졸업 직후 성별 소득격차 분석”, 『한국사회학』 53(1).

박건우, 2019, “한국의 여성혐오에 관한 실증적 연구”, 『사회과학연구』 27(1).

이정민 · 이동영, 2019, “대학생이 인식한 소수자에 대한 사회적 거리감 비교연구”, 『한국장애인복지학』 43(43).

정현일, 2023, “한국 사회의 사회적 소수자에 대한 인식 및 태도 유형”, 『사회사상과 문화』 26(3).

최유진 외, 2016, “2016년 양성평등 실태조사 분석 연구”, 여성가족부 연구보고 2016-96.

허민숙, 2017, “젠더폭력과 혐오범죄: 여성에 대한 폭력은 혐오범죄인가? 논쟁을 중심으로”, 『여성학』 33(2).

언론보도 및 보고서

감사원, 2021, 「저출산 · 고령화 대책 성과분석」 보고서.

강준만, "지방을 더 이상 '식민지'로 묶어 두지 말라", 〈경향신문〉, 2023. 8. 29.

경상일보, "농촌지역 소득격차 도시보다 심각", 2012. 11. 2.

삼성경제연구소, 2016, 「소득양극화의 현황과 원인」.

서울신문, "MZ세대 여성 73% "성차별 여전" … 남성 69% "역차별이 더 문제". 2021. 7. 18.

이관후, "[세상 읽기] 시험은 공정하지도 정의롭지도 않다", 〈한겨레신문〉, 2018. 11. 20.

______, "[세상 읽기] 아무도 이 지옥을 나갈 수 없다", 〈한겨레신문〉, 2018. 7. 24.

조형근, "새만금에 돌을 던져라, 하지만", 〈한겨레신문〉, 2023. 8. 8.

중앙일보, "10년 후 한국, 소득 양극화는 더 심해지고, 정치적 불평등은 더욱 늘고", 2019. 4. 4.

한겨레신문, "지역서 번 소득 '62조 원', 서울 · 경기로 빨려 들어갔다", 2018. 11. 25.

한국경제신문, "'양극화'가 한국 경제 빅이슈 … 서울 · 30대는 '부동산' 꼽아", 2020. 2. 24.

한국과학기술기획평가원(KISTEP), 2019, 「대한민국 미래이슈 2019」.

헤럴드경제, "2022년 신년기획, 2030에게 물었다", 2022. 1. 3.

Gender Equality Korea, 「국내 성별 임금격차 현황」, 2020. 3. 11.

KB금융지주 경영연구소, 2017, 「2017 한국 부자 보고서」.